La Via  a

vers Saint-Jacques-de-
Compostelle
ou vers Rome

GUIDE PRATIQUE DU PÈLERIN

JEAN-YVES GRÉGOIRE

RANDO éditions

AVERTISSEMENT

Cet ouvrage a été conçu pour proposer la description précise d'un itinéraire dont la finalité est Saint-Jacques-de-Compostelle, en l'occurrence la Via Domitia, au départ du Montgenèvre (au-dessus de Briançon) jusqu'à rejoindre Arles (à partir de cette ville, utiliser *Le Chemin d'Arles*, de J.-P. Siréjol et L. Laborde-Balen ; même éditeur).

Mais ce guide offre une seconde possibilité de cheminement : d'Arles au Montgenèvre, afin de se raccorder à l'une des branches de la Via Francigena, itinéraire dont la racine est à Canterbury et le débouché à Rome. Le guide se rapportant à ce chemin traversant l'Italie est disponible chez le même éditeur (sous le nom de *Chemin de Rome*), établi également par J.-Y. Grégoire, par ailleurs auteur, entre autres, du *Chemin de Saint-Jacques en Espagne*, du *Chemin Côtier,* du *Chemin de Tours,* du *Chemin de Vézelay…*

Textes et photographies : Jean-Yves Grégoire
Cartographie : Philippe Valentin pour Rando Éditions
Maquette : Pierre Le Hong
Mise en pages : Julie Christolhomme
Photogravure : Isokéa (64, Anglet)
Impression : Pollina (85, Luçon) - L56412

© E.S.O. Rando Éditions
4, rue Maye Lane / 65420 Ibos
accueil@rando-editions.com
www.rando-editions.com

ISBN 978-2-84182-481-6
Dépôt légal : mars 2011

La Via Domitia

INTRODUCTION

La Via Domitia ou voie Domitienne a été élaborée à partir de 120 av. J.-C. par le consul Cneus Domitius Ahenobarbus au moment de la conquête du Sud de la Gaule. L'appellation « Via Domitia » vient du nom de son fondateur. Cet axe routier reliant l'Italie aux provinces d'Espagne existait certainement déjà à la préhistoire. Au IIe siècle av. J.-C., Polybe le mentionne sous l'appellation *odos herakleia*, le « chemin d'Hercule ». La Via Domitia fut la première voie romaine établie en France. Envisagée en premier lieu à des fins militaires, elle devint rapidement une voie de communication et de commerce. Depuis Turin, dans la plaine du Pô, cette route partiellement empierrée franchissait les Alpes au col du Montgenèvre, gagnait le delta du Rhône par les vallées de la Durance, du Calavon et du Coulon, traversait les plaines du Languedoc et du Roussillon pour aboutir en Espagne par le col de Panissars, près du Perthus.

Durant le haut Moyen Âge, puis le Moyen Âge, les commerçants l'empruntaient toujours, mais également les pèlerins, parmi lesquels on pouvait mentionner les jacquets italiens se rendant à Compostelle, mais aussi les roumieux français désirant rallier la Via Francigena pour rejoindre Rome. Le tracé de la voie Domitienne est attesté par les historiens de l'Antiquité, bien qu'aucune borne milliaire n'ait été retrouvée sur la portion comprise entre Apt et le col du Montgenèvre.

L'actuel chemin de Saint-Jacques de Compostelle, ou chemin de Rome en sens inverse, ne calque son tracé que sur d'infimes portions de l'antique Via Domitia. À cela, plusieurs raisons. En premier lieu, la voie romaine a en grande partie disparu sous le bitume des routes modernes – sur quelques portions, les historiens et les chercheurs ignorent ou se disputent son tracé précis, faute d'indices et de documents. Par ailleurs, l'itinéraire actuel a été établi pour des marcheurs dans un esprit de randonnée, à l'image de bien d'autres GR de France. Le principal souci des concepteurs était d'éviter au maximum le goudron, quitte à multiplier les détours et les dénivelés.

Dans ce guide pratique, nous reprenons largement le tracé du GR 653D®. Mais, parfois, nous nous en écartons afin d'aller au plus court dans un esprit correspondant plus certainement aux conceptions des marcheurs au long cours se rendant à Compostelle ou à Rome. Eh oui, la route est longue, très longue jusqu'à la Galice ou le Latium ! Ainsi, plutôt que le sentier sinueux, acrobatique ou bourbeux, nous lui préférons parfois la petite route tranquille ou le chemin de terre rectiligne, sous lesquels se dissimulent les pavés de la voie romaine – ces tronçons portent le plus souvent des noms évocateurs : « cami Roumieux », « Via Domitia », « Via Aurelia », « chemins des Pèlerins », « de Saint-Jacques », etc. Ces appellations sont aussi troublantes et suggestives pour le pèlerin des Temps modernes. À d'autres moments, le tracé du GR emprunte des itinéraires escarpés, voire précaires en raison de l'altitude et des risques d'enneigement, ou bien, dans la partie méridionale, ce sont parfois des pistes forestières qui peuvent être interdites à la circulation en période de canicule et de sécheresse en raison des risques d'incendie. Dans tous les cas, nous mentionnons les points où notre parcours se sépare de celui du GR, et ceux où nous nous retrouvons pour cheminer de concert. Libre à chacun de faire son choix, suivre les marques rouges et blanches ou préférer notre descriptif.

Dernier point : il est difficile de définir la période idéale de l'année pour emprunter cet itinéraire, que ce soit dans un sens ou dans un autre. Au printemps, en direction de Compostelle, le risque de rencontrer la neige dans la portion s'étendant de Briançon à Sisteron n'est pas à écarter, mais en revanche, à cette époque de l'année, la Provence resplendit avec ses arbres et ses paysages en fleurs. L'été est propice au cheminement dans les vallées alpines mais peut se révéler caniculaire de Gap à Arles. La fin de l'été puis le début de l'automne semblent les périodes les plus favorables pour un départ de Briançon. Pour un départ d'Arles en direction de Briançon, on inverse également le choix des saisons. Le printemps et le début de l'été sont à privilégier, ainsi pourra-t-on profiter de la Provence avant la canicule estivale, et permettre au temps de virer au beau dans les Alpes. Pour conclure, ces données demeurent toutes relatives car, comme l'exprime la sagesse populaire : « Y'a plus de saisons, mon pauvre monsieur ! » Au diable les dictons, vive l'aventure ; aussi nous vous souhaitons « bon chemin » ou, en provençal, *bèn camin*.

CONSEILS PRATIQUES

Bien évidemment, vous ne partirez pas sur les Chemins de Compostelle uniquement mus par votre intuition. Ce grand départ exige raison et préparation. Comment remplir son sac à dos sans qu'il ne devienne trop lourd ? À quel rythme marcher, selon quel découpage ? Comment s'alimenter, se soigner ?

Sachez tout d'abord que votre chargement ne devra pas dépasser le cinquième de votre poids (vous pesez 60 kg : votre sac à dos se limitera à 12 kg ; contenance : 45 à 60 l). Les éléments les plus lourds iront au fond et ce poids reposera sur les hanches (sur les os davantage que sur la musculature). Vous mémoriserez au plus juste le contenu de votre sac.

Le contenu du sac : duvet et/ou sac de couchage (matelas mousse si vous campez), nécessaire de toilette (allégé : gel douche, shampoing, savon de Marseille, mouchoirs, nécessaire à rasage, papier hygiénique), serviette, pinces à linge (pour faire sécher), gourde et gobelet, boîte(s) étanche(s), briquet, lampe électrique, couteau type « suisse ». Pour les vêtements, préférez le coton (sous-vêtements en triple exemplaire), pantalon et short (ou bermuda) de rechange, couvre-chef, coupe-vent, veste Goretex, polaire, gants éventuellement. Pharmacie sommaire (bobos, ampoules). Lunettes de soleil, crème solaire. Sacs plastiques de protection ; carnet et crayon ; matériel photo…

Vos chaussures ne seront pas neuves… Légères, avec des semelles souples et bien crantées (surtout pas de semelles semi-rigides), elles seront remplacées le soir à l'étape par des nu-pieds ou des espadrilles.

Vous n'oublierez pas le bâton de marche, ferré. Il est utile dans les descentes comme dans les montées, réconfortant lors de rencontres avec des chiens.

Vous vous serez entraînés avant le grand départ par des marches de 20, 25 voire 30 km, le sac sur les épaules.

Vous partirez tôt le matin, vous reposerez à l'ombre aux heures les plus chaudes, boirez et mangerez convenablement pour parvenir en bon état au terme de votre cheminement (Arles ? Compostelle ?). Vous ne laisserez aucun déchet derrière vous, mais seulement dans les poubelles des refuges ou des villages traversés. Vous éviterez les nuisances sonores, à commencer par la sonnerie de votre portable… (Il sera d'ailleurs préférable de bien vous renseigner auprès de France Télécom : 0800 202 202.)

Votre portefeuille et votre carte de crédit ne seront pas oubliés dans une poche du sac à dos. Votre sens de la courtoisie et de la tolérance restera vivace : vous n'oublierez pas, par exemple, de téléphoner pour réserver votre hébergement, ou pour le décommander dans le cas contraire. Bien entendu, papiers d'identité, carte de groupe sanguin, cartes Vitale et de mutuelle seront du voyage.

DÉCOUPAGE DES ÉTAPES HÉBERGEMENTS

Les capacités physiques (et financières) des pèlerins sont aussi singulières et différentes que leurs habitudes… Chacun fera donc comme il ou elle pourra ou voudra, que ce soit dans l'épreuve de la distance quotidienne à parcourir ou dans le choix de son mode d'hébergement.

Les étapes proposées dans ce guide sont indicatives, et surtout pas impératives. La météo (composer le 08 99 71 02 + n° du département), un incident de parcours, un bobo, un refuge saturé ou une auberge bondée, votre fantaisie du moment peuvent vous obliger ou vous inciter à modifier le cours de votre étape. Les hébergements sont presque suffisamment nombreux tout au long de ce Chemin pour que vous puissiez inventer jour après jour votre parcours. Souvent (constat des anciens…), dans le premier quart d'un l'itinéraire vers Compostelle, les marcheurs suivent le découpage du guide. Puis les choses se modifient : fatigue pour les uns, vitesse de croisière pour les autres, soit plus ou moins une demi étape… Le temps dévolu à l'éventuelle visite des villes sera également un facteur important dans le calcul du kilométrage de l'étape d'arrivée dans la cité, et de celle du départ. Le découpage de chacune des étapes de cet ouvrage répond à l'observance stricte de la moyenne horaire conventionnelle : 4 km/h, les temps d'arrêt devant être ajoutés. Le découpage mesuré en termes de distance sera aussi utile aux cyclistes qui ne le prendront minutieusement pas au pied du chiffre…

Les hébergements du chemin sont de toute nature : refuges publics, associatifs, confessionnels (généralement pas de prix affiché…), privés ; auberges de jeunesse, hôtels, chambres d'hôtes. Les propositions de ce guide ne sauraient être ni exhaustives, ni contractuelles. Si vous choisissez les gîtes d'étapes, vous aurez intérêt à ne pas avoir oublié votre sac de couchage ! Certains hébergements ne vous seront accessibles que sur présentation d'une crédencial (CO). Les marcheurs y sont prioritaires. La participation à l'entretien de certains lieux relève de l'obligation (PO). Si vous choisissez les auberges de jeunesse, la carte FUAJ internationale est obligatoire (www.fuaj.org). Enfin, les campings, plutôt rares, nécessitent le transport de tout un fardeau (popote, réchaud) encombrant. La fréquentation croissante du Chemin d'Arles depuis le début du nouveau millénaire a incité les hébergeurs à se professionnaliser et à adapter prix et prestations. Vous n'oublierez jamais de vous comporter en hôtes courtois, respectueux de l'éthique inhérente à ce qui fonde votre présence en ces lieux partagés par les pèlerins et les randonneurs confondus en une même communauté.

CARTES

Pour chaque étape, nous indiquons les références des cartes IGN (série bleue) au 1/25 000 (1 cm = 250 m) utiles pour qui veut suivre le plus minutieusement possible les étapes proposées. Il n'est pas inutile de se procurer les feuilles au 1/100 000 (1 cm = 1 km), généralement suffisantes pour s'aventurer hors des chemins de halage. Pour se rendre du Montgenèvre jusqu'en Arles – ou bien pour suivre le chemin en sens inverse – trois cartes de la série Top 100 de l'IGN sont nécessaires : les feuilles 158 (Gap – Briançon), 164 (Carpentras – Digne-les-Bains) et 171 (Marseille – Avignon). Les cartes schématiques figurant dans le guide sont à une échelle approchant le 1/100 000 ; elles se lisent de bas en haut pour éviter tout problème de latéralisation. Les lieux marquant les repères horaires dans le texte sont mentionnés en gras sur ces cartes.

ABRÉVIATIONS

AJ	auberge de jeunesse
AP	accueil pèlerin
CH	chambre d'hôtes
Ch.	chambre (chez l'habitant)
CO	credencial obligatoire
Empl.	emplacement camping
GE	gîte d'étape
HC	hors chemin
H/HR	hôtel/hôtel restaurant
OT	office de tourisme
/p	par personne
pdj	petit déjeuner
pk	point kilométrique
pl.	places
PO	participation obligatoire
SI	syndicat d'initiative

ITALIE

MONTGENÈVRE

BRIANÇON
L'ARGENTIÈRE-LA-BESSÉE
MONT-DAUPHIN
GUILLESTRE
EMBRUN
BARCELONNETTE
SAVINES-LE-LAC
NOTRE-DAME DE LAUS
DIGNE-LES-BAINS
GAP
LA MOTTE-DU-CAIRE
SAINT-GENIEZ
TALLARD
VOLONNE
LARAGNE-MONTÉGLIN
SISTERON
LES MÉES
NOYERS-SUR-JABRON
LES CHABANES
PEYRUIS
LURS
MANOSQUE
FORCALQUIER
MANE
NICE
CANNES
FRÉJUS
PREILLANNE
APT
AIX-EN-PROVENCE
MARSEILLE
CARPENTRAS
L'ISLE-SUR-LA-SORGUE
COUSTELLET
ORGON
SALON-DE-PROVENCE
BOURG-LÈS-VALENCE
MONTÉLIMAR
ORANGE
AVIGNON
CAVAILLON
SAINT-RÉMY-DE-PROVENCE
FONTVIEILLE
ISTRES
ARLES
SAINTES-MARIES-DE-LA-MER
PRIVAS
UZÈS
SAINT-GILLES
NÎMES
AIGUES-MORTES
ALÈS
MONTPELLIER

Mer Méditerranée

		Distance	Marche
1ère étape	Montgenèvre → Briançon	11,0 km	2h45
2ème étape	Briançon → L'Argentière-la-Bessée	19,6 km	5h00
3ème étape	L'Argentière-la-Bessée → Mont-Dauphin	22,1 km	5h45
4ème étape	Mont-Dauphin → Embrun	29,8 km	7h30
5ème étape	Embrun → Savines-le-Lac	20,3 km	5h10
6ème étape	Savines-le-Lac → Notre-Dame de Laus	29,3 km	7h40
7ème étape	Notre-Dame de Laus → Gap → Tallard	24,6 km	6h20
8ème étape	Tallard → La Motte-du-Caire	20,2 km	5h20
9ème étape	La Motte-du-Caire → Saint-Geniez	20,0 km	5h30
10ème étape	Saint-Geniez → Sisteron	15,0 km	3h45
11ème étape	Sisteron → Les Chabanes	22,2 km	5h45
12ème étape	Les Chabanes → Lurs	25,0 km	6h45
13ème étape	Lurs → Forcalquier → Mane	13,8 km	3h30
14ème étape	Mane → Reillanne	18,6 km	4h45
15ème étape	Reillanne → Apt	31,2 km	8h10
16ème étape	Apt → Coustellet	27,1 km	7h00
17ème étape	Coustellet → Cavaillon → Orgon	16,9 km	4h20
18ème étape	Orgon → Saint-Rémy-de-Provence	20,7 km	5h15
19ème étape	Saint-Rémy-de-Provence → Fontvieille	22,0 km	5h30
20ème étape	Fontvieille → Arles	11,1 km	3h00

Pour rejoindre la Via Francigena

1ère étape	Arles → Fontvieille	11,1 km	3h00
2ème étape	Fontvieille → Saint-Rémy-de-Provence	22,0 km	5h30
3ème étape	Saint-Rémy-de-Provence → Orgon	20,7 km	5h15
4ème étape	Orgon → Coustellet	16,9 km	4h20
5ème étape	Coustellet → Apt	27,1 km	7h00
6ème étape	Apt → Reillanne	31,2 km	8h30
7ème étape	Reillanne → Mane	18,5 km	4h45
8ème étape	Mane → Lurs	13,8 km	3h30
9ème étape	Lurs → Les Chabanes	25,0 km	7h00
10ème étape	Les Chabanes → Sisteron	22,2 km	6h00
11ème étape	Sisteron → Saint-Geniez	15,0 km	4h20
12ème étape	Saint-Geniez → La Motte-du-Caire	20,4 km	5h30
13ème étape	La Motte-du-Caire → Tallard	20,2 km	5h30
14ème étape	Tallard → Notre-Dame de Laus	24,6 km	6h40
15ème étape	Notre-Dame de Laus → Savines-le-Lac	29,3 km	8h00
16ème étape	Savines-le-Lac → Embrun	20,3 km	5h30
17ème étape	Embrun → Mont-Dauphin	29,8 km	8h00
18ème étape	Mont-Dauphin → L'Argentière-la-Bessée	22,1 km	5h45
19ème étape	L'Argentière-la-Bessée → Briançon	19,6 km	5h30
20ème étape	Briançon → Montgenèvre	11,0 km	3h20

Le pont d'Asfeld

Montgenèvre
Briançon

Cette étape pourrait faire office de prologue, car en fait il serait plus simple de prendre le départ à Briançon, la ville étant plutôt bien desservie par les transports publics. Mais ici, au col de Montgenèvre, la mise en marche prend une coloration plus solennelle. Un col de montagne est toujours un lieu propre aux interrogations. De quel côté basculer vers l'inconnu ? Une petite plaque apposée dans la station du Montgenèvre indique, vers l'est, la direction de Rome par la Via Francigena et, vers l'ouest, la direction de Compostelle par le GR 653D. Alors le choix est-il définitif ? En route pour Compostelle ! Aujourd'hui, nous dégringolons un dénivelé de 800 m en nous tenant bien à l'écart de la route moderne, la N 94. Nous ne verrons pas pour autant l'antique Via Domitia. Ici, en milieu alpin, la voie romaine devait se limiter à un chemin muletier dont il ne subsiste aucune trace. Nous suivons les sentiers et les pistes forestières du GR 653D dont le tracé se confond avec celui du GR 5. Nous découvrons un ruisseau qui n'est autre que la Durance ; elle nous accompagnera jusqu'à Cavaillon. Nous zigzaguons et crapahutons sous les mélèzes, au milieu des gentianes durant 9 km. Peu avant l'arrivée à Briançon, nous franchissons le vertigineux pont d'Asfeld. En ville, pas de traces jacquaires en vue, mais des murailles, des bastions, tout un système défensif imaginé par Vauban.

Au départ, sur le GR 5

Chapelle au Montgenèvre

🏃🏃 **RENSEIGNEMENTS PRATIQUES**

✤ MONTGENÈVRE (05100)

→ OT, route d'Italie, 04 92 21 52 52, www.montgenevre.com

→ HR Valérie, 19 ch., de 48 à 68 €/1 à 2 p., pdj 8,50 €, rue de l'Église, 04 92 21 90 02, www.hotel-montgenevre.com

→ H Le Chalet des Sports, 14 ch., de 31,50 à 50 €/2 p., pdj 6 €, place de l'Église, 04 92 21 90 17, www.chalet-hotel-des-sports.com

✤ BRIANÇON (05100)

→ OT, 1 place du Temple, 04 92 21 08 50, www.ot-briancon.fr

→ Gare SNCF

→ AP presbytère collégiale Saint-Nicolas, 1 pl., CO, square Julien-Merle, 04 92 21 05 15

→ GE Le Petit Phoque, 38 pl., nuitée 14 €/p. (dortoir), 15,50 €/p. (ch.), pdj 6 €, repas 15 €, panier repas 6,50 €, 25 hameau le Fontenil, 04 92 20 07 27, www.lepetitphoque.com

→ HR de Paris, 30 ch., de 46 à 79 €/1 à 4 p., pdj 8 €, repas 22 €, panier repas 12,50 €, 41 av. Général-Leclerc, 04 92 20 15 30, www.hotelparis-serrechevalier.com

→ HR L'Edelweiss, 20 ch., de 46 à 92 €/1 à 4 p., pdj 7 €, repas 15 € (sauf juil./août), 32 av. de la République, 04 92 21 02 94, www.hotel-edelweiss-briancon.fr

Alternatives en cas d'enneigement
1. À pied, suivre l'itinéraire routier de Montgenèvre à Briançon par la N 94, soit 13 km ;
2. Emprunter les autocars Resalp qui assurent la navette entre la station de Montgenèvre et Briançon. Tél. : 04 92 20 47 50 http://autocars.resalp.free.fr

00,0 Montgenèvre. Église et fontaine, au centre du village. Emprunter vers l'ouest la rue de l'Église. Par la rue des Montagnards, aller jusqu'au magasin Intersport, puis descendre la rue d'Italie pour rejoindre la N 94, à suivre à droite dans la descente.

01,2 Au niveau du panneau de sortie de Montgenèvre (1 781 m), quitter la N 94 pour s'engager à gauche sur un sentier bordé, à droite, par un ruisseau :

la Durance ! Poursuivre par une piste empierrée. Une piste nous rattrape par la gauche. Descendre tout droit (balisage).

02,6 Carrefour de pistes : continuer en face. Laisser un embranchement à droite.

04,0 On touche le coude d'une large piste, à descendre à droite.

04,7 Quitter la piste pour emprunter à gauche un chemin empierré. À 100 m, franchir un pont de bois, continuer tout droit par une piste qui pénètre dans la forêt domaniale de Briançon.

06,3 Abandonner la piste pour s'engager à droite (1 443 m) sur un sentier caillouteux en descente. Laisser un embranchement à droite. Au carrefour de sentiers, continuer tout droit. Le chemin est bientôt bordé de haies, puis bitumé à l'entrée de l'Envers-du-Fontenil. Ignorer à droite un embranchement vers un gîte d'étape.

1h50 07,4 L'Envers-du-Fontenil.
Traverser le hameau, poursuivre par une piste que l'on quitte pour emprunter, à droite, un sentier étroit qui monte parallèlement à une ligne électrique. Passer entre deux murets, continuer sous les sapins. On bute dans le coude d'une piste, à descendre à droite.

08,7 Pont d'Asfeld. Franchir l'ouvrage, puis monter à gauche une piste qui, au final, passe la porte de la Durance. Laisser à droite l'entrée du château. Descendre la rue de l'Aspirant-Jan.

09,3 La cité Vauban. Laisser à droite la mairie et le vieux Briançon. Passer la porte d'Embrun pour arriver devant le monument aux morts. Descendre à gauche l'avenue de la République. Au point bas, premier giratoire : suivre à gauche l'avenue Maurice-Petsche. Au second rond-point, tourner à gauche dans l'avenue du Général-De-Gaulle vers la gare.

2h45 11,0 Briançon, gare SNCF (1 210 m).

LE COL DU MONTGENÈVRE

Il se confond avec la station de sports d'hiver du même nom. Jules César aurait franchi les Alpes à cet endroit en 58 av. J.-C. pour entamer la conquête de la Gaule ou la Guerre des Gaules qu'il relata lui-même dans ses *Commentaires sur la Guerre des Gaules (Commentarii de bello gallico)*. Nos motivations sont bien plus pacifiques. Nous démarrons de ce col alpin servant de frontière avec l'Italie pour entreprendre une exploration profonde de la France méridionale, avant de quitter le territoire national par le col du Somport, à l'ouest des Pyrénées, pour enfin pénétrer en Espagne.

Façade dans Briançon

Briançon, la cathédrale

L'invasion romaine a dû marquer les esprits pour des millénaires. C'est la raison pour laquelle les sommets dominant le col sont hérissés de fortifications, à l'instar du fort de Chaberton, élevé en territoire italien jusqu'à son rattachement à la France en 1947 ou celui de Janus du côté français. Les deux colosses furent édifiés au XIXe siècle, puis renforcés l'un et l'autre dans les années 1930. Les stratèges italiens et français avaient vu juste car, dès la déclaration de guerre de Mussolini, les troupes cantonnées dans leurs nids d'aigle respectifs s'affrontèrent sans merci. Les tirs nourris des soldats français mirent en déroute les hommes de Mussolini. Ce dernier fut arrêté net dans son désir d'assujettir la France, laissant les mains libres à Hitler dans ses visées impérialistes. Ainsi le *Duce* ne put jamais marcher dans les traces de son illustre (et lointain) prédécesseur, Jules César.

L'ÉGLISE SAINT-MAURICE

Au cœur du village. Elle fut reconstruite au XVIIIe siècle, après que l'édifice primitif a été incendié par les troupes du duc de Savoie. Le clocher comporte un fanal qui servait autrefois à diriger les voyageurs égarés dans le brouillard ou les tempêtes de neige.

Non loin de la frontière italienne, on découvre la chapelle Notre-Dame-des-Sept-Douleurs, restaurée et repeinte récemment, mais dont une pierre gravée atteste que l'édifice existait déjà en 1760. La coquille Saint-Jacques, apposée au-dessus de la porte d'entrée, rappelle que ce lieu marquait une étape vers Saint-Jacques-de-Compostelle pour les pèlerins arrivant d'Italie.

LA CHAPELLE SAINTE-ANNE

Une plaque y a été posée en juin 2007 afin de commémorer la jonction entre le chemin de Compostelle par le GR 653D et le chemin de Rome par la Via Francigena. À cet endroit, la ville de Compostelle se situe à 2 010 km et la place Saint-Pierre de Rome à 914 km.

BRIANÇON

Ce sont les Grecs qui fondèrent cette cité montagnarde. Pourtant, *Brigantio* ou *Brigantium* ne se développa vraiment qu'à l'époque romaine, lorsqu'elle constituait une étape de pied de col en bordure de l'importante voie romaine, la Via Domitia. Durant deux millénaires, la ville a toujours été à la fois un carrefour commercial et une place stratégique. Ceci explique son riche patrimoine militaire. Le système défensif est l'une des plus belles réalisations de Vauban, d'ailleurs inscrit depuis juillet 2008 au patrimoine mondial de l'humanité par l'Unesco ; on peut citer la redoute des Salettes, le fort des Trois-Têtes, le fort du Randouillet, la communication Y et le pont d'Asfeld (ce dernier domine les gorges de la Durance d'une hauteur vertigineuse, afin de relier la cité fortifiée au fort des Têtes).

À l'intérieur des remparts, les patrimoines religieux et civil de Briançon ne manquent pas non plus d'intérêt. On peut citer l'église paroissiale Notre-Dame, ancienne collégiale, construite au début du XVIIIe siècle dans le style classique et coiffée de deux élégantes tours. L'ancienne église des Cordeliers est antérieure puisque sa construction remonte au XIVe siècle.

La grand-rue traverse la vieille cité de part en part et permet d'admirer plusieurs fontaines, des cadrans solaires, de belles façades peintes de couleurs chaudes qui rappellent l'Italie. L'une des plus belles demeures est la maison du Pape, bâtie en 1635, puis reconstruite au début du XVIIIe siècle à la suite d'un incendie. Elle servit tour à tour d'hôpital, de caserne et d'école.

Les vices aux Vigneaux

Briançon
L'Argentière-la-Bessée

A vant de partir de Briançon, une visite s'impose au marcheur. L'Histoire est bien présente, même s'il est inutile de chercher des traces laissées par les pèlerins de passage. La ville haute, la cité Vauban, apparaît comme une forteresse imprenable avec la touche finale apportée par Vauban, qui a valu à Briançon son inscription au patrimoine mondial de l'humanité. Prenons le chemin ; la Via Domitia est invisible et probablement engloutie sous le bitume de la N 94 dans certaines portions. Notre parcours ignore cette vilenie en musardant sur des petites routes paisibles et des chemins à flanc de montagne, explorant les villages savoyards riches en fontaines, cadrans solaires et des églises ou chapelles romanes dédiées parfois à l'apôtre Jacques.

🌐 CARTES UTILES

🌐 3536 OT
🌐 3437 ET

🏃 RENSEIGNEMENTS PRATIQUES
⚜ LES VIGNEAUX (05120)

→ GE Les Carlines, 23 pl. en 8 ch., 18 €/p., pdj 5,50 €, repas 14,50 €, 1/2 pension 37 €/p., panier repas 8 €, 04 92 23 02 74, quartier du Béal Neuf, www.gitelescarlines.com

→ GE Le Montbrison, 15 pl. en 3 dortoirs, 15 €/p., pdj 5 €, 1/2 pension 33 €/p., panier repas 7 €, 04 92 23 10 99

→ CH Maison Estienne, 10 pl. en 5 ch., 42 €/p., pdj compris, 1/2 pension 56 €/p., panier repas 5 ou 10 €, fermé de mi-nov. à mi-déc., route des Écrins, 04 92 20 26 71, www.maisonestienne.com

→ Camping Le Courounba, 250 empl., tente 12 €/p., mobil-home, épicerie en saison, du 21/05 au 25/09, 04 92 23 02 09, www.camping-courounba.com

→ Camping Les Vaudois, 141 empl., tente 9 €/p., du 26/06 au 28/08, www.camping-vaudois.com

Piste près de Prelles

00,0 **Briançon.** Dos à la gare SNCF (1 210 m), monter en face la rue Orronce-Fine, puis, au giratoire, prendre à droite la rue Joseph-Silvestre (trottoirs) vers Villar-Saint-Pancrace. Passer deux ronds-points, poursuivre sur la D 36 jusqu'au panneau de sortie de Briançon.

00,9 Quitter la D 36 pour monter à droite la rue Rencurel. Après 120 m, on retrouve la D 36, à suivre à droite.

01,8 Villar-Saint-Pancrace. Traverser le pont sur le torrent des Ayes et descendre tout de suite à droite la rue de l'École. Laisser l'église en contre-haut à gauche, puis la chapelle des Pénitents. Poursuivre tout droit par la rue des Espagnols, puis à nouveau par la D 36 pendant 1 km.

03,9 Juste avant la chapelle Saint-Jean (1 245 m), abandonner la D 36, descendre à droite un chemin empierré. Après 450 m, couper une piste, continuer en face par un sentier en balcon.

05,0 On débouche sur une petite route, à descendre à droite afin de franchir le pont sur la Durance, puis la voie ferrée, pour, au final, buter sur la N 94 que l'on traverse prudemment. En face, laisser un super-marché à droite, se diriger vers Sachas.

06,0 Quitter la route dans un virage pour suivre à gauche le chemin des Noyers vers…

1h50 **07,3** **Prelles,** église Saint-Jacques. Continuer tout droit par la rue du

Mail où nous pouvons admirer une belle fontaine et savourer son eau fraîche. Juste après, laisser monter le goudron à droite, suivre à gauche un chemin limité au moins de 2 T.

08,3 Nous butons sur la D 4, à monter à droite. Après 200 m, le GR choisit de gravir un sentier abrupt à droite : nous restons sur le goudron (route très calme qui surplombe la vallée de la Durance).

10,7 Après la borne pk 3, quitter la D 4 pour grimper à droite la piste empierrée en direction du Pas-du-Loup.

11,4 Dans un lacet de la piste (1 316 m), sortir à gauche pour emprunter un sentier sous les pins (panneau vers les Vigneaux). À 600 m, point haut et lignes électriques. On amorce une descente assez raide, avec le village des Vigneaux en ligne de mire.

13,4 On bute sur la D 4, à prendre à droite.

3h30 14,3 **Les Vigneaux**, église paroissiale (1 113 m). Après avoir laissé l'édifice sur la gauche, traverser le village. Juste avant d'atteindre la D 4, choisir un petit sentier sur la droite. Au carrefour en T avec la D 994e, prendre à droite juste le temps de traverser un premier pont sur le torrent de Rif Cros, virer à gauche par la D 4 vers Puy-Saint-Vincent pour enjamber la Gyronde. Dès la sortie de l'ouvrage, obliquer à gauche vers le camping des Vaudois que l'on traverse de part en part.

16,5 Bifurcation : ne pas franchir à gauche le pont en bois sur la Gyronde, attraper à droite un sentier filant sous les arbres, puis en balcon.

18,7 Entrée de L'Argentière : le sentier débouche sur une piste goudronnée, à suivre à droite). Après 300 m, bifurcation : le GR monte vers la droite, nous descendons à gauche vers le village…

5h00 19,6 **L'Argentière-la-Bessée** (env. 980 m). Place centrale (OT, hôtel et restaurants).

---

vers Guillestre, Gap

GARE

❋ **L'Argentière-la-Bessée**

La Gyronde

D 104 a

Les Vigneaux

D 994e

La Durance

N 94

D 4

1316 m

Saint-Martin-de-Queyrières

D 4

Prelles
SAINT-JACQUES

Sachas

SAINT-JEAN

Puy-Saint-André

D 36

N 94

Villar-Saint-Pancrace

Les Ayes

GARE

❋ **Briançon**

vers Le Bourg-d'Oisans

vers Col de Montgenèvre

Fresque aux Vigneaux

LE BACCHU-BER DE PONT-DE-CERVIÈRES

Ce quartier de Briançon perpétue une étrange tradition à l'occasion de sa fête patronale célébrée le 16 août en l'honneur de saint Roch. Le Bacchu-Ber, ou la danse des épées, est exécuté par les hommes vêtus de blanc, ceints d'une large ceinture rouge, tandis que la mélopée est chantée par les femmes du village. Impossible de connaître l'origine exacte de cette tradition que les historiens attribuent tantôt aux Celtes, tantôt aux Gaulois et, le plus souvent, aux Grecs, tant le mot *bacchu* évoque les rituels dédiés au dieu Bacchus, qui eux-mêmes constituaient une survivance de l'archaïque danse pyrrhique, une célébration au caractère religieux et guerrier, très présente chez les Crétois et les Spartiates. L'église de Pont-de-Cervières est du XIXᵉ siècle. On note aussi la présence de nombreux cadrans solaires des XVIIIᵉ et XIXᵉ siècles dans les ruelles avoisinantes.

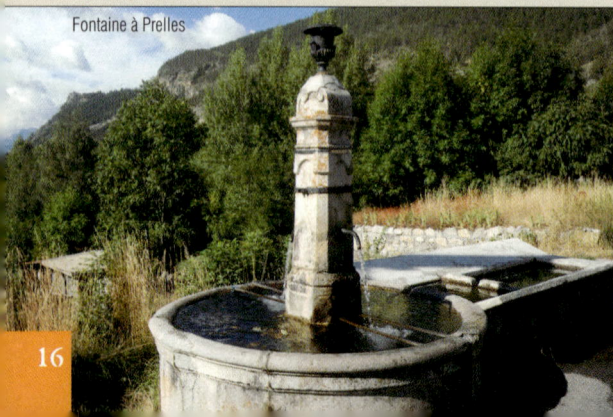
Fontaine à Prelles

VILLAR-SAINT-PANCRACE

La chapelle dédiée à saint Pancrace se situe en contre-haut du village (belle vue sur le Briançonnais). Mentionné comme lieu de pèlerinage dès le XIIᵉ siècle, le sanctuaire servit d'église paroissiale au village jusqu'au XVIᵉ siècle. L'édifice abrite des fresques relatant la vie de saint Pancrace, né vers l'an 289 en Phrygie (Turquie). Noter également la surprenante fresque de personnages cagoulés sur la chapelle des Pénitents.

LA CHAPELLE SAINT-JACQUES À PRELLES

Elle s'élève en bordure du chemin de Compostelle depuis l'an 1502. Elle héberge des fresques murales du XVIᵉ siècle, dont une représentation du célèbre miracle du Pèlerin pendu dépendu. Des fouilles effectuées dans les années 1960 ont mis au jour d'anciennes fondations à proximité de la chapelle ; il pourrait s'agir des ruines d'un vieil hôpital. Entre Prelles

et Bouchier, le chemin balisé, dallé et ponctué de murets, reprend le tracé fidèle de l'antique Via Domitia.

LES VIGNEAUX

Le village tire son nom du vignoble qui l'entourait au Moyen Âge ; il n'en subsiste que quelques treilles décoratives. L'église Saint-Laurent, érigée au XIVᵉ siècle, affiche un élégant porche à colonnes, dominé par un clocher roman lombard. Les peintures murales à l'extérieur rappellent les vices et leurs châtiments : l'Orgueil, sur un lion, lève la main droite et dans l'autre tient un bâton, simulacre de spectre, et son chapeau est recouvert d'une couronne royale ; l'Avarice chevauche un singe et maintient fermement une cassette entr'ouverte ; la Luxure monte un bouc, elle est coiffée d'un hennin et d'une robe amplement fendue qui laisse voir sa cuisse.

L'ARGENTIÈRE-LA-BESSÉE

Castrum romain, le village, mentionné au XIIᵉ siècle, possédait un prieuré dédié à saint Michel que géraient des chanoines dépendant de l'abbaye d'Oulx (sur le versant italien de la Via Domitia). Certains affirment que la Bessée dériverait du mot « abbesse ».

La chapelle Saint-Jean, de style romano-lombard, demeure l'ultime témoignage de la petite commanderie installée à L'Argentière au XIIIᵉ siècle et appartenant à l'ordre de Saint-Jean de Jérusalem. Épaisses murailles, abside en cul-de-four et hautes fenêtres en forme de meurtrières caractérisent l'édifice.

L'Argentière-la-Bessée était également connu pour ses mines d'argent (d'où son appellation), exploitées de l'an mille jusqu'au début du XXᵉ siècle. La tour de l'Horloge des Hermès, élevée non loin des anciennes usines métallurgiques, reste le seul vestige d'une industrie qui fit la richesse de la vallée du Fournel.

Saint-Crespin et la Durance

L'Argentière-la-Bessée
Mont-Dauphin

Cette étape, riche en témoignages du passé, rappelle le parcours de la veille comme une réplique inversée. Nous cheminons sur des chemins et des routes en balcons, de village en village, à l'écart du tumulte routier de la vallée de la Durance, pour aboutir au final sur une cité militaire voulue par Vauban. Les villages traversés affichent toujours un bel habitat et révèlent des édifices d'une solide facture romane. Dans la seconde partie du parcours, nous changeons de rive en franchissant la Durance. La forêt toute proche alimente de nombreuses scieries. Enfin, nous butons sur les bastions de Mont-Dauphin qui se dressent au milieu des prairies alpestres.

De l'autre côté de la cité, les murailles s'enracinent dans le rocher surplombant la vallée de la Durance. Dotée d'une architecture militaire efficace et parfaite, à l'instar de la citadelle de Briançon, la ville a surgi de l'imagination de Vauban et a bénéficié du même classement au patrimoine mondial. Sommes-nous réellement partis vers Compostelle ou pour dresser un inventaire des œuvres du célèbre architecte ?

⊕ CARTES UTILES

🌐 3437 ET
🌐 3537 ET

🏃 RENSEIGNEMENTS PRATIQUES

❖ **CHAMPCELLA (05310)**

→ GE La Bergerie, 14 pl. en 6 ch., 29,50 €/p., pdj compris, 1/2 pension 44,50 €/p., panier repas 5 €, 04 92 20 96 69, www.gite-labergerie.com

Fortifications à Mont-Dauphin

→ CH Le Rucher du Martagon, 7 pl.,
45 €/p. + 15 € sup., pdj compris,
repas 18 €, acheminement, le Chambon,
04 92 20 97 56, www.lerucherdumartagon.com

→ H Au Pallon d'Argent, 22 pl., en ch. : 55 €/2 p.,
pdj compris, 1/2 pension 79 €/2 p. ;
en dortoir : 26 €/p., pdj compris,
1/2 pension 38 €/p., panier repas 9 €,
fermé de nov. à fin mars, 04 92 20 96 70

❖ SAINT-CRÉPIN (05600)

→ www.saintcrepin.com

→ G de La Ronce, 14 pl., 40 €/1 à 6 p., pdj 5 €,
1/2 pension 48 €/p., 04 92 45 15 01,
à la sortie du village, www.gites-laronce.com

→ CH et R Les Tables de Gaspard, 3 ch.,
de 44 à 50 €/2 p., pdj compris,
repas gastronomique 29 €, rue Principale,
04 92 24 85 28, www.lestablesdegaspard.com

→ Camping municipal de l'Ile, 91 empl.,
tente 10,50 €/p., snack, de Pâques à fin sept.,
04 92 45 13 31, www.saintcrepin.com/camping

→ Camping La Cabane, 80 empl., tente 9,80 €/p.,
épicerie, du 01/04 au 30/10, 04 92 45 07 33,
www.campingcabane.com

❖ MONT-DAUPHIN (05600)

→ www.montdauphin-vauban.fr

→ Gîte-Auberge Le Glacier Bleu, 18 pl.,
de 14,50 à 35 €/p., pdj 5,60 €, repas 18 €,
1/2 pension de 34,50 à 55 €/p.,
panier repas 8 €, 04 92 45 18 47,
www.leglacierbleu.fr

→ Auberge L'Échauguette, 13 ch., de 52 à 58 €/2 p.,
pdj 6,50 €, 1/2 pension 23 €/p., 04 92 45 07 13,
www.echauguette.com

00,0 L'Argentière-la-Bessée.

De la place centrale (980 m), partir en direction du sud par l'avenue du Général-De-Gaulle. Laisser à gauche la mairie, passer sous le pont de la voie ferrée, continuer tout droit vers la chapelle romane Saint-Jean (à laisser à gauche), puis vers le musée des Mines d'argent (à laisser à droite).

01,6 Quitter la route qui grimpe vers la droite, prendre à gauche (balisage). À 100 m, gîte d'étape sur la gauche, aller tout droit sur une petite route calme.

02,4 Bifurcation : monter à droite la rue Saint-Antoine qui va obliquer à gauche au SE. Au niveau d'un lavoir, tirer à gauche pour traverser le village de Plan-Léothaud (parcours labyrinthique). Au final, on arrive sur la D 138a, à emprunter à droite. Après 400 m, on peut délaisser le bitume pour gravir à droite un chemin empierré (balisage GR). (La piste se poursuit par un sentier qui grimpe jusqu'à 1 320 m au col de l'Aiguille.) Il nous paraît plus judicieux de rester sur la D 138a (particulièrement en cas d'enneigement ou de mauvais temps).

03,7 Carrefour : laisser à gauche le pont sur la Durance, monter en face la D 38 vers Freissinières et Pallon.

07,3 Point haut (belle vue sur la vallée de la Durance). À l'entrée du village du Pallon, nous sommes rejoints par le GR. Poursuivre avec le balisage vers Champcella par la D 38. Le balisage disparaît du bitume un peu plus loin pour descendre à gauche un chemin empierré. Le GR retrouve la D 38 à l'entrée de…

2h30 **09,6** **Le Chambon** (1 153 m). Dès la sortie du village, à la bifurcation, laisser partir à gauche la D 38, continuer à droite par la D 38a (balisage). Le GR évite une courbe de la route et rejoint la D 38a pour traverser…

10,3 Champcella, église à laisser à droite. La sortie du village s'effectue par la D 38-1 (balisage). Ignorer à droite la route vers le Ponteil. À 250 m, suivre la piste vers Les Pasques (bien suivre les marques de balisage – pistes peu marquées et au final un sentier abrupt et caillouteux).

11,5 On parvient sur la D 38 (927 m), à descendre à droite. Le GR coupe les détours du bitume en utilisant des sentiers pierreux et pentus.

14,6 Carrefour en T : descendre à gauche vers la Durance. Laisser à droite un aérodrome de planeurs.

4h00 **15,4** **Saint-Crépin.** Franchir le pont sur la Durance, laisser un camping à droite. Juste avant le passage à niveau, utiliser à droite une petite route qui permet de passer par un tunnel sous la voie ferrée et la N 94.

16,3 Carrefour et calvaire : emprunter la route à droite. Après 250 m (devant une entreprise de camions), quitter la route pour aller de suite à gauche (SE) par une piste goudronnée, jalonnée de résidences. Après la dernière habitation, suivre la piste empierrée, bordée de pylônes électriques.

17,8 Au carrefour en T (948 m) : monter à gauche un chemin caillouteux. À 400 m, bifurcation : aller tout droit sans tenir compte de l'embranchement à gauche. Traverser le lit d'un torrent, puis, à 10 m de là, virer à gauche.

18,4 Retour sur le bitume et bifurcation (croix de bois) : prendre à gauche. Dépasser la scierie des Hodouls. Juste après, le goudron part à gauche : sortir à droite par une piste gravillonnée.

19,0 Bifurcation : suivre à droite la piste principale en légère montée. Traverser le hameau des Esclayers. Dans La Frairie, au carrefour en T : monter à gauche, puis poursuivre par la D 237 jusqu'aux…

21,0 Eygliers. Au pied de l'église, descendre à droite (SO) par la D 37. Après 400 m, au calvaire (1 028 m), tirer à droite par la D 137.

5h45 22,1 Mont-Dauphin.
Entrée nord de la citadelle.

Chapiteaux ornés à Champcella

CHEMIN FAISANT…

Du Plan-Léauthaud à Champcella, le chemin balisé a pris quelques libertés par rapport au tracé historique, mais nous en avons fait autant faute de pistes ou de sentiers le long de l'antique parcours. En effet, des recherches archéologiques récentes, menées aux abords du lieu-dit de Rame, ont mis en évidence que la Via Domitia passait dans la plaine alluviale le long de la Durance. Rame, ou *Rama* dans l'Antiquité, constituait une étape sur la Via Domitia, souvent appelée dans cette portion des Alpes la *Via Cottia*

in Alpem. Par ailleurs, l'*Itinéraire de Bordeaux à Jérusalem*, rédigé au IVe siècle à l'intention des pèlerins en route pour la Terre sainte, mentionnait une étape à Rama.
Les fermes traditionnelles exhibant une splendide architecture jalonnent le parcours à Chambon, puis à Champcella.
L'église paroissiale Saint-Pierre et Saint-Paul de Champcella fut édifiée au XIVe siècle, puis rebâtie au XVIIIe. Certains chapiteaux ornés de végétaux furent réemployés pour soutenir les piliers en bois du porche. Le portail et le chœur sont les seuls éléments subsistant de l'église primitive. La porte est encadrée par deux colonnettes affichant des chapiteaux à têtes humaines.

SAINT-CRESPIN
Le village s'enroule autour d'un promontoire rocheux en affichant un riche patrimoine qui s'est accumulé au cours des siècles. La paroisse de Saint-Crépin s'est constituée dans le courant du XIe siècle, mais c'est en 1452 que

l'édifice actuel fut consacré et dédié à saint Crépin et saint Crépinien. À proximité du village s'étend une des seules forêts de genévriers thurifères d'Europe, une espèce rarissime datant de l'ère tertiaire et qui se caractérise par ses troncs aux formes tortueuses.

MONT-DAUPHIN
À l'instar de Briançon, c'est une cité fortifiée. Œuvre majeure de Vauban, elle est inscrite au patrimoine mondial de l'Unesco depuis juillet 2008. Louis XIV ordonna sa construction en 1693 pour garder la frontière avec l'Italie, à la suite de l'invasion menée par le duc de Savoie et ses troupes l'année précédente. Tout le génie de Vauban se manifeste au détour des bastions, courtines et contrescarpes. La place forte fut édifiée en dix ans et permettait d'abriter, à l'intérieur de ses enceintes, militaires et civils. Hélas, après le traité d'Utrecht, en 1713, qui repoussa la frontière plus à l'est, Mont-Dauphin perdit son rôle stratégique et n'eut jamais à livrer bataille. Ceci explique l'excellente conservation du système défensif et des bâtiments. La caserne Rochambeau mérite particulièrement une visite pour son élégant escalier et sa charpente en arceaux, unique au monde. Cette cité, créée de toutes pièces à la fin du XVIIIe siècle dans un but militaire, n'évoque en aucune façon le passage des pèlerins médiévaux.

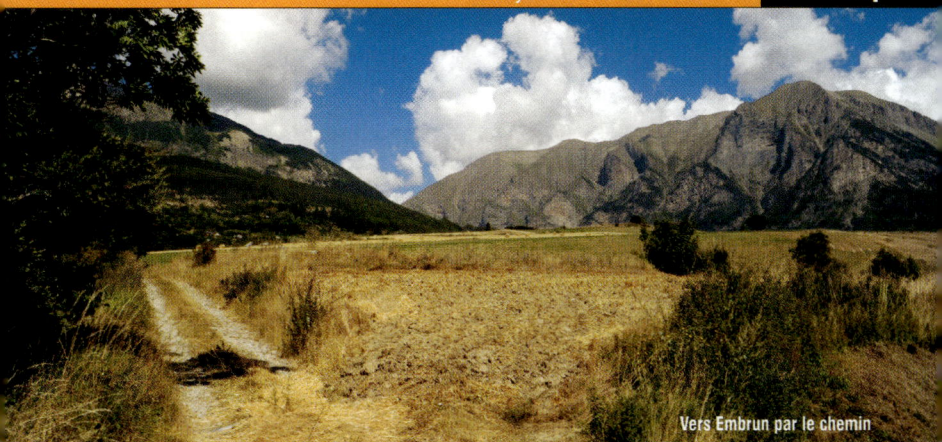

Vers Embrun par le chemin

Mont-Dauphin

Embrun

La journée sera longue, car le kilométrage est important, de même que les dénivelés. C'est à ce prix que nous pouvons cheminer en toute tranquillité. Chaque affluent de la Durance forme une vallée qui nous oblige à accomplir un grand détour. Mais serions-nous plus heureux en suivant le bas-côté de la N 94 ? Que la montagne est belle et le parcours sinueux à l'ombre des conifères ! Les paysages commencent à changer, les premières vignes apparaissent à Châteauroux-les-Alpes, la pierraille des sentiers devient plus blanche. Embrun n'est-elle pas baptisée la Nice des Alpes ? La place Saint-Marcellin avec sa fontaine et son platane ancestral exhale déjà un parfum de Sud. La cathédrale Notre-Dame-du-Real, ainsi que les ruelles bordées de façades médiévales et Renaissance méritent que l'on explore la cité ancienne qui existait déjà à l'époque romaine. Poussez également la porte de l'office du tourisme implanté dans l'ancienne église du couvent des Cordeliers pour admirer les fresques des voûtes.

🌐 CARTES UTILES

🌐 3537 ET
🌐 3438 ET

👥 RENSEIGNEMENTS PRATIQUES

✤ CHÂTEAUROUX-LES-ALPES (05380)

→ OT, 04 92 43 43 74, les Aubergeries (place de la Mairie), www.chateaurouxlesalpes.net

→ GE et CH de Saint-Alban, 26 pl., de 15 à 30 €/p. (gîte), pdj 7 €, de 32 à 96 €/1 à 4 p. (ch.), pdj compris, repas 17 €, panier repas 10 €, 04 92 45 10 40, www.saint-alban.pagesperso-orange.fr

Fontaine pétrifiante

00,0 **Mont-Dauphin.** Entrée nord de la citadelle. Passer la porte, descendre la rue Catinat, puis obliquer à gauche par l'allée Massillon, laisser à gauche la caserne Rochambeau. Quitter la citadelle par la rampe goudronnée D 137t.

01,8 Hameau Saint-Guillaume. Au point bas, carrefour en T : prendre à gauche. Après 300 m, tourner à droite par un chemin caillouteux qui s'élève en digue le long du Guil. Passer sous la N 94, puis poursuivre au NO dans une zone arborée et marécageuse.

02,8 Passage à niveau et carrefour : suivre à gauche la D 37. Traverser le pont métallique sur la Durance (trottoir à droite). Après le camping municipal La Fontaine, abandonner le bitume qui grimpe à droite afin d'accéder à gauche à l'allée arborée vers...

04,3 La Fontaine pétrifiante de Réotier. Monter les marches à droite, puis atteindre le sentier en lacets. Après 400 m, on débouche sur la D 38, à utiliser à gauche. Doubler La Gagière et Les Mensolles.

2h00 **08,2** **Saint-Clément-sur-Durance.** Laisser l'église à gauche, puis dépasser la tour Sarrazine. Après 200 m, lorsque le goudron vire à droite, grimper à gauche sur un chemin empierré qui s'oriente au SO, puis au final au NO et au nord.

09,4 On arrive sur la D 638, à utiliser à gauche sur seulement 50 m. Dans le virage à droite (1 074 m), emprunter le sentier à gauche qui file au NO et domine la vallée du Couleau. On rejoint une piste, à gravir à gauche sur 300 m. Descendre à gauche un sentier (vers Raméas), couper une piste, poursuivre parallèlement au torrent.

11,4 Franchir la passerelle au-dessus du Couleau (1 256 m). Sur la rive sud, le sentier en sous-bois est jalonné de ruines. Après 900 m, à la bifurcation, prendre à gauche le chemin en descente qui file SE vers la vallée de la Durance.

➜ Gîte-Auberge Les Pinnées, 20 pl. en 4 ch., 1/2 pension 35 €/p. (de mi-juin à mi-sept), 04 92 43 30 46 ou 06 61 26 59 68, www.gite-les-pinees.com

➜ CH L'Aster des Alpes, 10 pl. en 3 ch., 50 €/2 p., 65 €/3 p., pdj compris, repas 19 €, panier repas 6/8 €, Serre Buzard, 04 92 43 82 24, www.asterdesalpes.com

➜ HR Le Relais des Écrins, 8 ch., de 48 à 66 €/de 2 à 4 p., pdj 7 €, repas 19,50 €, panier repas 6 €, 04 92 43 22 01, fermé à Pâques et Toussaint, www.vanhoutte.pagesperso-orange.fr

➜ Camping Les Pins, 50 empl., tente 7 €/p., de début mai à fin oct., 04 92 43 22 64

❖ **EMBRUN (05200)**

➜ OT, 04 92 43 72 72, place du Général-Dosse, www.tourisme-embrun.com

➜ Gare SNCF

➜ GE Les Échelettes, 15 pl. en 4 ch., de 15 à 17 €/p., coin cuisine, place des 4 Traverses, 06 23 76 16 09, www.lesechelettes.embrun.free.fr

➜ HR Le Tourisme, 21 ch., de 28 à 42 €/1 à 2 p., pdj 6 €, 1/2 pension 49 €/p., fermé de début nov. à fin déc., av. Alexandre-Didier, 04 92 43 20 17, www.hotel-le-tourisme.com

➜ Camping municipal de La Clapière, tente 13 €/p., av. du Lac, 04 92 43 01 83, www.camping-embrun-clapiere.com

14,4 Bifurcation : emprunter à droite le sentier flanqué d'un muret vers…

14,8 Saint-Alban, hameau. Laisser le gîte d'étape à gauche en passant sous une passerelle en bois, poursuivre tout droit par le chemin du Facteur, une sente bordée également d'un muret de pierres sèches. On dépasse le ravin de l'Étroit.

16,1 On bute sur une piste, à suivre à gauche pour traverser Les Chamousses. À la sortie du hameau, le GR quitte le bitume pour s'enfoncer dans un ravin, continuer sur la route très calme. Au carrefour (crucifix en bois) : la route de la Touisse arrive par la droite, aller tout droit.

17,9 Fontfourane (1 033 m), bifurcation dès l'entrée du village : monter à droite (dir. église de Saint-Marcellin). Le GR nous rejoint aussitôt par la droite. Après 500 m, au niveau du cimetière, prendre à gauche pour pénétrer dans Saint-Marcellin. Avant l'église, descendre à gauche les marches de la voie sans issue pour déboucher sur une ruelle à suivre à droite. Au bout, dévaler à droite un sentier rocailleux qui aboutit à une casse que l'on traverse pour rejoindre la N 2094, à utiliser à droite (978 m).

5h00 **19,3** **Châteauroux-les-Alpes.** Franchir le pont sur le Rabioux, puis monter la rue à droite pour traverser le village (à noter, la présence de l'hôtel des Écrins). Laisser la mairie à gauche, poursuivre par la D 463, puis contourner le cimetière par la droite, aller jusqu'au…

21,1 Carrefour de la chapelle Saint-Roch. Continuer en face, passer Les Rozans. Au carrefour en T : monter la route à droite sur 150 m (à cet endroit, le tracé du GR est confus), puis obliquer à gauche (où nous retrouvons le balisage).

22,6 Les Gérards. Ignorer à gauche la route vers La Reste, se diriger tout droit par le chemin de la Fermie. Après 800 m, laisser la piste virer à droite (1 252 m), poursuivre en face par un sentier (GR) afin de passer à gué le torrent Bramatan. Après quelques mètres…

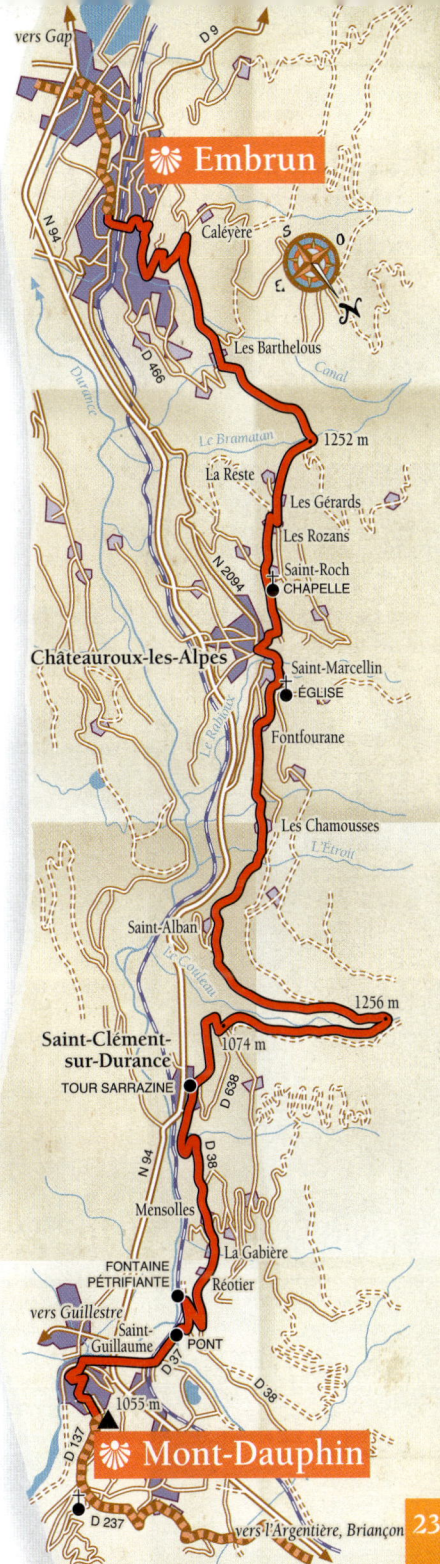

vers Gap   D 9

✷ **Embrun**

Caléyère

N 94   S O N E

Les Barthelous   Canal

Durance   D 466

Le Bramatan   1252 m

La Reste   Les Gérards

Les Rozans

N 2094   Saint-Roch
CHAPELLE

Châteauroux-les-Alpes   Saint-Marcellin
✝ ÉGLISE

Le Rabioux   Fontfourane

Les Chamousses
L'Étroit

Saint-Alban   Le Couleau

1256 m

**Saint-Clément-
sur-Durance**   1074 m

TOUR SARRAZINE   D 638

N 94   D 38

Mensolles

La Gabière

FONTAINE
PÉTRIFIANTE   Réotier

vers Guillestre   Saint-
Guillaume   PONT

D 37   D 38

1055 m

D 137

✷ **Mont-Dauphin**

✝ D 237   vers l'Argentière, Briançon

23,6 À la première bifurcation : descendre le chemin à gauche. Une centaine de mètres après, monter la piste à droite. Laisser tous les embranchements annexes jusqu'à retrouver la D 466, à emprunter à droite pour traverser…

25,5 Les Barthelons. Poursuivre au S-SO par la route.

27,2 Juste avant les premières maisons de Caleyère, bifurquer à gauche par une piste empierrée. Au deuxième virage en lacet à droite, sortir à gauche par un chemin orienté NE, puis SO.

28,8 Retour sur le goudron qui descend en zigzag, puis franchit un pont au-dessus des voies ferrées. Couper le boulevard Pasteur. Emprunter en face (un peu sur la droite) la rue des Fontaines, puis à droite la rue des Cordeliers.

7h30 29,8 Embrun, place Général-Dosse, OT (869 m).

LA FONTAINE PÉTRIFIANTE DE RÉOTIER

Elle domine la rive droite de la Durance face à Mont-Dauphin. Sa particularité géologique intéresse le voyageur scientifique ou stimule les songes du doux rêveur. L'eau de la fontaine, provenant d'une source thermominérale, est riche en gypse et en calcaire. Au contact de l'air, l'eau chargée en carbonates sculpte des concrétions aux formes surprenantes jusqu'à faire naître la silhouette d'un monstre… C'est le cas de la potence naturelle qui s'avance et d'où l'eau ruisselle dans le bassin situé en contrebas. Les contours de cette concrétion laissent imaginer la gueule terrifiante d'un animal qui semble tout droit sorti de la préhistoire.

SAINT-CLÉMENT

Blotti au pied de la Tête de Vautisse (3 156 m), le village se remarque de loin grâce à son donjon médiéval, dite « Tour sarrasine », élevée au XIIIe siècle. Il offre une vue spectaculaire sur une curiosité géologique, le pli couché de Saint-Clément. Parmi les nombreuses chapelles que le village comptait au Moyen Âge, l'une d'elles était dédiée à saint Jacques. L'hôpital, mentionné dès 1306, perdura jusqu'au XVIe siècle.

LES CHAMOUSSES

En contrebas du hameau, en bordure de la Durance, la chapelle romane Saint-James (Saint-Jacques) laisse deviner que le chemin médiéval passait à cet endroit. Le sanctuaire, doté d'un clocher-mur, possède une abside en cul-de-four recouverte de lauzes.

SAINT-MARCELLIN

Recèle une église paroissiale du XVIe siècle dédiée à saint Marcellin, premier évêque d'Embrun. Malgré des rajouts plus tardifs, elle conserve son clocher romano-lombard en tuf. Châteauroux-les-Alpes s'étale au débouché du profond vallon du Rabioux et permet l'accès méridional au Parc national des Écrins.

EMBRUN

Perchée sur son roc, la ville surplombe la Durance, une situation géographique d'où elle tire son appellation d'origine celte *ebr*, « eau », et *dunum*, « élévation ». La cité était la capitale des Alpes du Sud sous l'Empire romain, elle fut élevée au rang d'évêché dès le IVe siècle, grâce à saint Marcellin. Sa position dominante la désigna comme place forte et elle se vit dotée de fortifications imaginées par Vauban. C'est aujourd'hui une petite localité calme, très agréable,

Saint-Clement

déjà méditerranéenne, avec ses placettes ombragées de platanes et tilleuls, ses fontaines de marbre et son riche patrimoine religieux.

La cathédrale Notre-Dame-du-Réal, bâtie entre 1170 et 1220, est très marquée par la tradition lombarde, de même que le porche des Rois mages, gardé par une paire de lions. À l'intérieur, le maître-autel du XVIIIe siècle est en marbre polychrome, les autres autels sont de style baroque. Le trésor de la cathédrale, dans la chapelle Saint-François, comprend des vêtements sacerdotaux, des peintures et des ornements liturgiques remontant aux XVe et XIXe siècles.

L'ancienne église du couvent des Cordeliers, consacrée en 1447, a perdu sa nef au cours d'un incendie dans le courant du XXe siècle. Seules subsistent les chapelles de style gothique qui hébergent des fresques des XVe et XVIe siècles, exécutées par des peintres italiens. Parmi les thèmes abordés, on trouve : le Christ émergeant du tombeau, la vie de sainte Catherine d'Alexandrie, saint Antoine

guérissant les possédés et les pestiférés, etc. (l'office du tourisme est installé dans la chapelle nord).

La tour Brune est l'ancien donjon des archevêques, construite au XIIIe siècle. Selon les époques, elle servit d'arsenal, de coffre-fort et de prison avant de devenir un musée.

À TRAVERS LA VILLE...

La rue Caffe compte des maisons à encorbellement du XIVe siècle.

La rue Saint-Pierre abrite une demeure Renaissance (au-dessus d'un fleuriste), bâtie en schiste, avec fenêtres à meneaux, arcades et portail. La place Saint-Marcellin est ornée d'une fontaine du XVIe siècle de marbre rose. Près de la place aux Herbes (au-dessus d'une boulangerie), on peut observer une arcature lombarde du début XIIIe siècle, composée de six arcs terminés par des modillons et un lion.

Embrun : fresque aux Cordeliers

Le lac de Serre-Ponçon

Embrun

Savines-le-Lac

En suivant la N 94, notre étape se réduirait à dix kilomètres, nous en accomplissons le double. Accéder à l'abbaye de Boscodon nécessite une ascension de près de 400 m de dénivelé en franchissant des lits de torrent et en suivant un parcours sinueux à travers

L'église de Savines

bois. La beauté de l'architecture cistercienne sera notre récompense. La quiétude des lieux est aussi propice à une pause méditative ou tout au moins à une pause casse-croûte. La descente sur Savines est évidemment plus aisée et les vues sur le lac de Serre-Ponçon, envahi par les flottilles de voiliers les jours de grand beau temps, nous inciteront peut-être à presser le pas dans la perspective d'une baignade revigorante. Savines-le-Lac a été bâti de toutes pièces pour accueillir les populations des anciens villages engloutis, mais surtout les vacanciers. Ici, glaciers, crèmes scolaires et bouées en forme de canard sont présents à tous les coins de rue. Inutile de chercher les traces des pèlerins d'antan, on l'aura compris.

Au départ d'Embrun

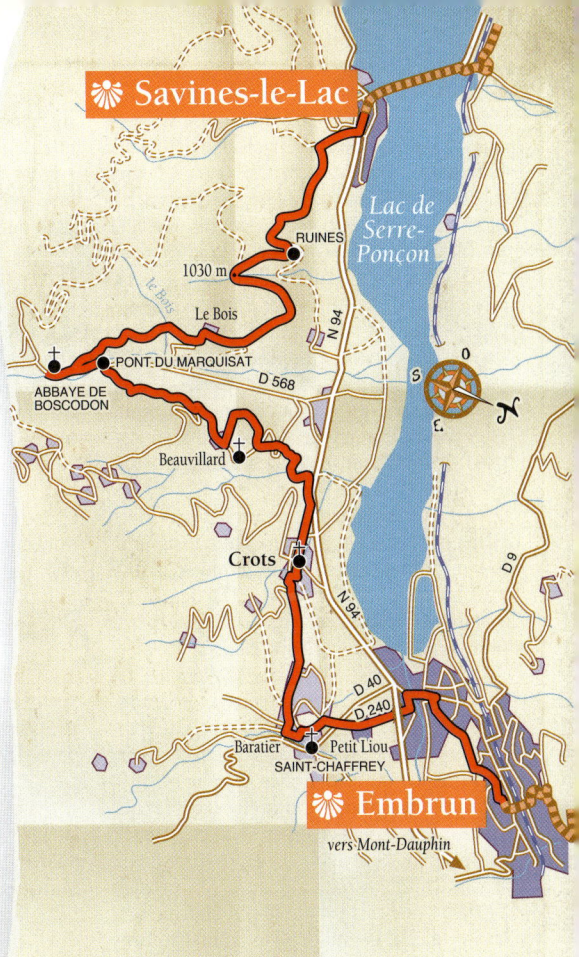

Savines-le-Lac

RUINES

1030 m

Le Bois

Lac de Serre-Ponçon

N 94

PONT DU MARQUISAT

D 568

ABBAYE DE BOSCODON

Beauvillard

Crots

N 94

D 9

D 40

D 240

Baratier · Petit Liou
SAINT-CHAFFREY

Embrun

vers Mont-Dauphin

🌐 CARTE UTILE

🌐 3438 ET

👥 RENSEIGNEMENTS PRATIQUES

✤ CROTS (05200)

➜ SI, place Saint-Laurent, 04 92 24 56 40

➜ Ch. chez l'habitant Pizzeria Chez Pierrot, 3 ch., 04 92 43 13 43

➜ Camping municipal de La Garenne, 199 empl., tente 14 €/2 p., 04 92 43 11 93, www.lagarenne-crots.com

➜ Camping Manu, 120 empl., tente 10,70 €, épicerie, snack, juil./août seulement 04 92 43 17 63, www.campingmanucrots.pagesperso-orange.fr

✤ SAVINES-LE-LAC (05160)

➜ OT, av. de la Combe-d'Or, 04 92 44 31 00, www.savineslelac.com

➜ AJ, 50 pl., 16,70 €/p., pdj compris, 30 empl. en camping, coin cuisine, du 15/06 au 01/09, les Chaumettes, 04 92 44 20 16, www.fuaj.org/Savines-Le-Lac

➜ Ch. chez l'habitant Le Relais, 3 pl., de 45 à 60 €/1 à 3 p., tarif pèlerin 35 à 50 €/1 à 3 p., rue des Chaumettes, 04 92 44 27 31

➜ HR Les Flots Bleus, 20 ch., de 29 à 69 €/1 à 4 p., pdj 6,90 €, repas 11,50 €, fermé nov., déc. et jan., rue Sauze, 04 92 44 20 89, www.les-flots-bleus.fr

➜ H et Camping Les Sources, 33 empl., tente 10,50 €/p., de fin avril à mi-oct., 11 ch., de 39 à 65 €/2 à 4 p., pdj 6,50 €, 04 92 44 20 52, www.hotel-les-sources.com

➜ H Les Chaumettes, 11 ch., 38 à 65 €/2 à 3 p., pdj 6,50 €, 04 92 44 29 00, rue du Barnafret, www.hotel-leschaumettes.fr

00,0 Embrun. De la place du Général-Dosse (869 m), descendre à droite la rue Clovis-Hugues, puis, sur la place Barthelon, suivre à droite la rue Saint-Pierre. Place Célestin-Roche, poursuivre par la rue du Sénateur, puis à droite par celle de l'Archevêché qui mène à la cathédrale N.-D. d'Embrun. Laisser l'édifice à gauche, descendre à droite la rue Émile-Guignes, virer à gauche par la rue Pierre-et-Marie-Curie. Juste avant l'hôpital, emprunter le passage des Arcades à droite, puis dévaler des escaliers qui débouchent sur l'esplanade de la Résistance. S'orienter à gauche pour descendre une rampe piétonne.

01,0 Au point bas, franchir un petit pont, puis tourner à droite. La rue est bordée d'habitations et d'un camping. Après 400 m, on bute sur la N 94, à descendre à gauche (trottoir de gauche). Traverser le pont sur la Durance. Tout de suite…

02,3 Au rond-point, se diriger à gauche (trottoir) vers des supermarchés. Au premier giratoire, prendre à droite entre deux parkings de supermarchés. Passer un tunnel sous une rocade, poursuivre presque en face (léger décalage sur la droite) vers le camping Le Petit Liou (D 240). Juste avant le panneau d'entrée de Baratier, emprunter à gauche une piste arborée qui oblique vers la droite. On gagne l'église Saint-Chaffrey et enfin, par la rue Guillaume-Apollinaire, on débouche à…

03,3 Baratier, place de la Mairie. Prendre à droite (ouest) la route de Pra-Fouran. À 150 m, tirer à gauche par la Chènevière, le chemin de Jouglare, puis le chemin de Crots.

04,7 Franchir un pontet sur un canal, puis prendre à gauche par une sente longeant la canalisation. Après 700 m, bifurcation : descendre à droite le chemin de Bellegrave (en sens interdit). Au point bas, on bute sur une route à emprunter à gauche.

1h20 05,7 Crots, église (789 m). Sortir vers l'ouest par la route de Savines. Juste avant de rejoindre la N 94, s'engager à gauche sur une sente parallèle à la nationale.

06,5 Partir à gauche (plein sud) pour s'écarter de la N 94. Laisser un embranchement à gauche puis, au carrefour des pistes, continuer en face par le chemin de la Cagnolle. Éviter les voies privées en suivant attentivement le balisage !

07,6 On parvient à une route bitumée qui grimpe en lacets jusqu'à Beauvillard. (Le GR utilise des sentiers abrupts pour aller au plus court, mais accomplit un détour par la croix oratoire de La Cagnolle. Au final, la distance est sensiblement la même.)

09,1 Beauvillard. Laisser à gauche la chapelle du hameau, gravir encore la route durant 600 m. Après un virage serré à gauche, quitter le bitume pour suivre à droite une piste forestière. Dépasser Les Fourins, aller jusqu'au…

11,2 Pont du Marquisat. On peut monter jusqu'à l'abbaye de Boscodon par la D 568 ou bien suivre le GR de l'autre côté de la départementale.

3h10 12,1 Abbaye de Boscodon (1 150 m). Revenir sur ses pas par le GR ou par la D 568. 150 m avant le pont du Marquisat, tirer à gauche (NO) par une piste forestière.

14,4 Laisser à droite la chapelle Saint-Benoît. À la bifurcation, prendre à gauche vers Le Bois. 300 m après la sortie du hameau, monter à gauche une piste forestière. Orientée NO, elle domine le lac de Serre-Ponçon, puis se dirige au SO et enfin plein sud.

16,9 Passer la combe de Ruine Noire (1 030 m). À la bifurcation, descendre à droite. Doubler les ruines de Villard-Robert. Passer un second vallon. La piste file plein ouest en balcon au-dessus du lac. Juste avant que la piste forestière ne vire au SO, s'engager à droite sur un sentier abrupt qui débouche sur la N 94 que l'on emprunte à gauche sur 400 m (trottoirs).

5h10 20,3 Savines-le-Lac. Centre (786 m), OT.

L'abbaye de Boscodon

L'ABBAYE DE BOSCODON

Située à 1 200 m d'altitude, elle fut fondée au XIIe siècle par l'ordre de Chalais suivant la règle de saint Benoît. Elle est occupée aujourd'hui par des dominicains qui furent à l'origine de son renouveau spirituel dans les années 1970 et de la restauration de ses bâtiments. L'architecture de pur style roman reprend les caractéristiques essentielles de l'art cistercien primitif : dépouillement extrême, beauté de l'éclairage et symbolisme des formes. La divine proportion de l'abbatiale se réfère au nombre d'or, de même que les trois cloîtres successifs.

LE LAC DE SERRE-PONÇON

C'est le deuxième plus grand lac artificiel d'Europe. Il résulte de la construction d'un barrage à la fin des années 1950. La mise en eau de la retenue provoqua l'engloutissement de plusieurs villages et le déplacement de 1 500 habitants. La localité de Savines fut reconstruite et le nouveau Savines-le-Lac inauguré en 1962.

Le barrage en remblai, œuvre de l'architecte Jean Prouvé, est large de 650 m à sa base. La crête, haute de 123 m, est large de 9 m et longue de 600 m.
À l'ouest du lac, en contrebas de Prunières et de Chorges, se dresse l'îlot Saint-Michel coiffé par la chapelle du même nom qui fut miraculeusement épargnée grâce à son altitude légèrement supérieure à la cote maximale de la retenue d'eau. Le sanctuaire était au Moyen Âge un prieuré dépendant de l'abbaye de Boscodon. Reconstruite au XVIIe siècle, la chapelle devint un lieu de pèlerinage pour les habitants des villages voisins.

SAVINES-LE-LAC

Avant la mise en eau du lac de Serre-Ponçon en 1961 et la construction du village actuel, Savines avait changé deux fois d'emplacement en sept siècles d'existence. Au XIIIe siècle, le premier village s'étalait sur la rive droite de la Durance, au fond du torrent de Réallon, au lieu-dit La Paroisse, où se trouvent encore les ruines de la première église paroissiale et de l'ancien château des comtes de La Font de Savines, seigneurs des lieux. Ravagé à maintes reprises par les crues du torrent, ce premier bourg fut abandonné à l'époque de la Révolution au profit d'un autre site s'étendant sur la rive gauche de la Durance, au lieu-dit La Charrière. À compter du mois de mai 1961, les eaux de la retenue commencèrent à engloutir ce second village. Mais la fontaine et l'ancien cimetière du vieux bourg agricole furent sauvés et réinstallés à Savines-le-Lac, station créée à partir de rien et résolument tournée vers les activités touristiques et de loisirs.

L'église paroissiale est dédiée à saint Florent, à l'instar de l'ancienne église médiévale bâtie au XIe siècle, qui se situait au lieu-dit La Paroisse sur la rive droite de la Durance, laquelle fut engloutie en 1961 (lors de la mise en eau de la retenue). Le sanctuaire actuel est une œuvre de l'architecte Achille de Panaskhet. L'édifice futuriste mêle la pierre, le béton et les dalles de verre en offrant l'image d'un navire, orné d'une croix à sa proue.

Ravines en vallée de l'Avance

Savines-le-Lac
Notre-Dame de Laus

L'étape paraît longue à première vue. Mais, hormis la montée à Saint-Apollinaire au départ et l'ascension à Notre-Dame de Laus à l'arrivée, le parcours, sur des petites routes en première partie, et le long de pistes agricoles après Chorges, est aisé. Cette ville intermédiaire peut être aussi l'occasion de scinder l'étape en deux. Saint-Apollinaire demeure un village agricole qui observe, depuis son balcon naturel, les activités nautiques pratiquées sur les eaux du lac artificiel. Nous profiterons de cette vue aérienne durant plusieurs kilomètres encore. Chorges était un bourg médiéval dont on peut toujours admirer la porte fortifiée des Souchons. La plaine de l'Avance, abondamment cultivée, révèle une terre grisâtre, très ravinée sur les flancs abrupts des collines, et qui a longtemps alimenté l'industrie plâtrière locale. N.-D. de Laus reste un lieu de pèlerinage et un havre de paix à l'écart du monde moderne.

Ânon de l'Avance

Notre-Dame du Laus

CARTE UTILE

🌐 3438 ET

👣 RENSEIGNEMENTS PRATIQUES

✤ CHORGES (05230)

→ OT, place Centrale, 04 92 50 64 25, www.otchorges.com

→ G et Camping Le Prévalière, 37 empl., 14,60 €/2 p., chalet de 32 à 35 €/p., du 01/04 au 30/09, 06 62 63 99 57, www.campingprevaliere.com

→ GE de Via Croze, 7 pl., de 45 à 80 €/1 à 4 p., pdj compris, tarif repas randon., acheminement, route des Andrieux, 04 92 50 63 21, www.le-gite-de-viacroze.pagesperso-orange.fr

✤ SANCTUAIRE N.-D. DE LAUS (05130)

→ Hôtellerie de Notre-Dame du Laus, 434 pl., de 12 à 36 €/p. selon ch. et saison, pdj compris, repas 10,50 €, panier repas 6,50 €, tente 3 €/p., 04 92 50 30 73, www.notre-dame-du-laus.com

00,0 Savines-le-Lac. Depuis le centre-ville (786 m), descendre la N 94 pour emprunter le pont sur le lac de Serre-Ponçon (suivre le trottoir de droite).

01,2 Dès la sortie du pont, tirer à droite et, au carrefour, suivre la D 41 vers Saint-Apollinaire.

03,6 Bifurcation : laisser monter à droite la D 41, emprunter la D 541 à gauche.

04,3 Quitter le bitume, s'engager à gauche sur la piste vers la ferme de la Pellouse, puis partir à droite plein nord jusqu'à recouper la D 541. Gravir le chemin en face qui se prolonge par un sentier pour aboutir dans un virage en épingle à cheveux de la D 541. Suivre la route à droite jusqu'au village de…

1h40 06,5 Saint-Apollinaire. Du village (env. 1 270 m), redescendre jusqu'au carrefour pour rejoindre la D 9 vers Chorges. La route, très calme, offre toujours de belles vues au sud sur le lac et au nord sur les aiguilles de Chabrières.

09,4 Laisser à droite la route vers Les Goures, puis à gauche un premier

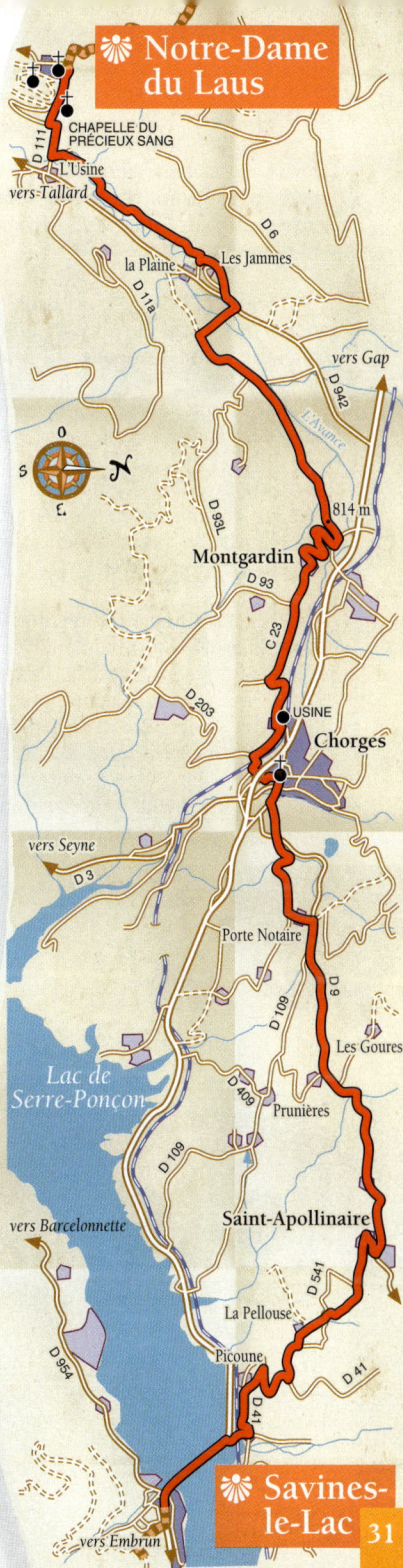

Savines-le-Lac

embranchement vers Prunières. Continuer sur la D 9 (balisage).

11,6 Le deuxième embranchement vers Prunières nous rejoint par la gauche. Aller tout droit. Dépasser un grand calvaire et, 100 m plus loin…

12,0 Quitter la D 9, descendre une piste à gauche vers Porte-Notaire (et non pas Protonotaire comme indiqué sur la carte IGN). Après 100 m, bifurquer à droite par une piste qui bute, après 300 m, sur une petite route, à suivre à droite vers l'ouest.

13,8 Couper la D 9, poursuivre en face par un chemin qui longe le cimetière de Chorges et, au final, rejoint l'avenue d'Embrun, à utiliser à droite…

3h50 14,8 **Chorges** (864 m). Place de Lesdiguières. Continuer en face par la grand-rue (en sens interdit). Devant la porte des Souchons (qui donne accès à la vieille ville et à l'église), virer à gauche par la rue des Écoles et la route du Fein. Un tunnel passe sous la N 94. Prendre tout de suite à droite une petite route longeant les voies ferrées. Après 600 m, carrefour en T :

La chapelle du Précieux Sang

tourner à gauche, puis, à 100 m, tourner à droite le long des rails (à gauche se dresse l'usine de l'eau de source des Écrins).

16,2 Obliquer à gauche puis, après 300 m, emprunter à droite la C 23.

17,4 On arrive sur la D 93, à descendre à droite vers…

4h40 18,0 **Mongardin.** Laisser le village et l'église en contre-haut à gauche, accéder à droite sur la D 93 qui descend en lacets (le GR coupe par des sentiers).

18,8 Au point bas, bifurquer à gauche par une petite route que l'on quitte après 140 m pour suivre à gauche une piste agricole (814 m). Après 750 m, bifurcation : prendre à droite le chemin R2 filant vers l'ouest. Plus loin, la piste s'orientant SO longe la lisière d'une forêt. À gauche s'étend la vallée de l'Avance.

22,9 Bifurcation : emprunter à droite une piste filant au NO à travers champs.

23,5 On débouche sur la D 942 que l'on traverse. De l'autre côté, le GR part à gauche, d'abord parallèle à la route, puis rapidement s'en écarte pour s'élever parmi des ravines grises. Poursuivre par une piste gravillonnée.

24,4 Les Jammes (sur la gauche). À la bifurcation : prendre à droite puis, à 40 m, suivre à gauche une piste bitumée.

26,2 Carrefour en T : obliquer à droite. À 150 m, virer à gauche en laissant une ferme à droite.

27,3 On bute sur la D 111, à monter à droite vers N.-D. du Laus. Cette route est bordée par un chemin de croix.

28,1 Quitter la route pour grimper à droite un sentier raide. Après 500 m, on arrive à la chapelle du Précieux-Sang. On retrouve la D 111, à gravir à droite (trottoir).

7h40 29,3 Sanctuaire N.-D. de Laus (hôtellerie ; env. 900 m).

N.-D. de Laus

SAINT-APOLLINAIRE

Son habitat montagnard est demeuré presque intact. Fourrages, bétail et potagers entourent les vieux chalets de bois. De l'église, et par beau temps, le panorama sur le lac de Serre-Ponçon est admirable et bien trop éloigné pour entendre les vrombissements des jets skis à la saison estivale !

PRUNIÈRES
(hors chemin)

Deux chapelles dédiées à saint Jacques et à sainte Marie furent élevées au XVIe siècle. Le curé de la paroisse était alors nommé par l'abbé de Boscodon. L'ordre de Saint-Jean de Jérusalem gérait un hôpital qui dépendait de la commanderie d'Embrun.

CHORGES

Fondé dans l'Antiquité à l'initiative d'un chef celte ou bien par une colonie grecque, le bourg héberge quelques beaux exemples d'architecture traditionnelle dans un cadre exceptionnel au-dessus du lac de Serre-Ponçon. L'église Saint-Victor fut bâtie de 1191 à 1194 par les religieux de Saint-Victor de Marseille, mais il ne subsiste que peu d'éléments de style roman, car l'édifice a subi de graves dommages pendant les guerres de Religion, puis au cours d'un incendie. À l'intérieur, on note la présence de coquilles Saint-Jacques sur le bénitier. Dans le village, sur la place Lesdiguières, se dresse une fontaine du XVIe siècle en marbre rose provenant de l'ancienne carrière de Salados, située au-dessous des aiguilles de Chabrières.

MONTGARDIN

Ce village occupe une position dominante au-dessus de la vallée de l'Avance qui était très empruntée au Moyen Âge par les contrebandiers et les trafiquants divers. À l'époque gauloise, le site formait un oppidum dont on a retrouvé des traces. Lorsque l'armée romaine d'Octave en prit possession, il servit de camp de base pour surveiller les points de passages alentour. Mentionné pour la première fois au XIe siècle, Montgardin possédait un prieuré consacré à saint Géraud. À l'emplacement présumé de ce prieuré, un particulier, effectuant des fouilles en 1954 dans le sous-sol de sa propriété, a retrouvé un squelette humain et un talon de sandale… Mystère !

LAUS

Modeste hameau aujourd'hui, Laus était déjà une paroisse dédiée à saint Étienne au XIIIe siècle. Au mois de mai 1664, la Vierge Marie apparut pour la première fois à une bergère de 17 ans, Benoîte Rencurel, et lui ordonna de faire élever une église en son honneur au hameau du Laus. Georges d'Audusson de la Feuillade, archevêque d'Embrun, entama la construction du sanctuaire en 1668 et fonda un couvent où il établit les jésuites. Son successeur, Charles Brulard de Genlis, plaça, en 1712, cette maison sous la direction des missionnaires de Notre-Dame-de-Sainte-Garde. Ce lieu fut très rapidement le but d'un pèlerinage très fréquenté.

Au départ de Gap

Notre-Dame de Laus
Gap – Tallard

a première partie de cette étape nous conduit à travers les collines verdoyantes du Gapençais jusqu'à… Gap. La cité, enrichie par le commerce, conserve de nombreux témoignages de son passé, mais pas de traces des pèlerins, même si la ville constituait une étape majeure sur la Via Domitia. Il faudra veiller à ne pas trop s'attarder, à moins de s'arrêter pour la nuit, car la seconde partie de l'étape nous réserve une longue traversée en montagne à travers des forêts de pins. Rien de difficile avec une montée progressive, mais sinueuse, où il faudra se montrer attentif aux cairns et aux marques du balisage apposées sur les troncs. À Tallard, nous retrouvons la Durance que nous avions perdue

de vue depuis le lac de Serre-Ponçon. À l'ombre d'un château surplombant la rivière, le cœur historique de Tallard est un lacis de ruelles médiévales qui paraissent endormies. On trouvera bien plus d'animation sur la place du Commandant-Dumont, où se concentrent les terrasses de café ombragées par des platanes.

🌐 CARTE UTILE

🌐 3338 ET

🚶 RENSEIGNEMENTS PRATIQUES

✤ GAP (05000)

→ OT, 2A cours Frédéric-Mistral, 04 92 52 56 56, www.gap-tourisme.fr

→ Gares SNCF et routière

→ AP foyer Sainte-Anne La Providence, 2 pl., CO, réservation, 20 bd. de Gaulle, 04 92 53 98 59

→ GE Maison d'Orietta, 14 pl. en 5 ch., de 44 à 58 €/2 p., pdj compris, tarif spécial randon., coin cuisine, 27 route des Eyssagnières, 04 92 52 04 81

Notre-Dame du Laus

GAP
ORATOIRE SAINT-JACQUES
Rambaud
CIMETIÈRE
CHAPELLE DE L'HERMITAGE
STATUE DE L'ANGE
Moulin du Pré
La Tour Ronde
Les Terrasses
vers Sisteron
Villar
Las Abadous
les Marinons
850 m
Châteauvieux
vers Barcelonnette
Lettret
Tallard
vers Sisteron

→ H Le Michelet, 10 ch., de 45 à 65 €/2 à 4 p., snack, 2 av. de la Gare, 04 92 51 27 86, www.gap-gite.com

❖ TALLARD (05130)

→ OT, place Porte-Belle, 04 92 54 04 29, www.tourisme-tallard-barci.com

→ CH Andalousie, 1 ch., 53 €/2 p., pdj compris, d'avril à sept., 04 92 56 00 25 ou 06 71 89 34 67

→ CH La Grange, 4 ch., 52 €/2 p., pdj compris, 1/2 pension 39 €/p., de mars à nov., le Petit Collet N 85, 06 86 66 77 12

→ Camping municipal Le Chêne, 52 empl., tente 7 €/p., snack, du 01/06 au 15/09, quartier le Chêne, 04 92 54 13 31 ou mairie 04 92 54 10 14

00,0 Sanctuaire N.-D. de Laus.
Laisser le sanctuaire à gauche (900 m), prendre à droite une petite route vers le col de l'Ange. Après 300 m, quitter le bitume pour monter un sentier à gauche. Parfois, il domine des ravines, à d'autres moments il se fraie un passage parmi les rochers en virant en lacets.

01,5 Dépasser la statue de l'Ange. Après 200 m, on atteint le point haut où une piste nous rejoint par la gauche : l'emprunter à droite (en face).

02,2 Chapelle de l'Hermitage (1 097 m), à laisser à droite. S'engager sur un chemin gravillonné descendant à gauche qui conduit, après quelques mètres, sur une route, à suivre à gauche. Après 500 m, quitter le bitume pour descendre à droite sur une piste herbeuse.

1h00 04,0 Rambaud. Arrivée sur le goudron au niveau du cimetière. Aller deux fois à gauche pour atteindre le centre et l'église. Au carrefour, obliquer à droite par la D 106 vers Gap. Juste avant le panneau de sortie, s'engager à droite dans un petit raidillon bordé de murets.

04,8 On bute sur la D 106, à remonter à gauche sur 50 m, puis on s'en écarte à nouveau par un chemin gravillonné (panneau : Les Balcons du Gapençais ; 871 m). Descente parmi les ravines. On parvient sur une piste plus large, à suivre à gauche.

06,2 On débouche sur une piste goudronnée à emprunter à droite. À 100 m, carrefour, bifurquer à gauche sur une petite route (ouest, puis NO). À la patte d'oie, monter en face le chemin de Curbanon.

07,4 Point haut. Quitter le bitume pour tourner à gauche sur une piste. Après 600 m, on touche le coude d'une route que l'on monte à droite vers l'…

08,4 Oratoire Saint-Jacques (monument édifié en 2000). Abandonner le goudron pour gravir à droite un chemin pierreux. Après quelques mètres, début de

Mandorle à la cathédrale de Gap

la descente sur Gap. Pistes et sentiers se recoupent, auxquels se rajoutent des parcours bosselés pour vététistes (attention aux sauts périlleux !)

10,0 Apparition du goudron, descendre la rue et passer le panneau d'entrée de Gap. On bute au final sur le bd Georges-Pompidou, monter à droite jusqu'au carrefour du Grand-Cèdre. Virer à gauche par le cours Ladoucette, poursuivre en tirant à gauche par la rue Carnot. Traverser la place Alsace-Lorraine, descendre la rue de France pour déboucher sur…

2h45 **11,0** **Gap,** place Jean-Marcellin. Longer la place par la gauche et descendre la rue du Colonel-Roux qui devient en sens interdit. Obliquer à droite par la rue de la Cathédrale N.-D.-et-Saint-Arnoux. Devant le parvis, descendre à gauche vers le palais de Justice. Traverser le square Voltaire. Continuer tout droit par l'avenue Jean-Jaurès, ombragée de platanes et pourvue de contre-allées et trottoirs. (Attention : le GR emprunte un itinéraire de sortie différent.)

13,0 Au niveau de la chapelle Saint-Roch (édifice moderne situé à droite), obliquer à gauche par la D 900b vers Tallard (trottoirs). Passer un premier giratoire (hypermarché). Continuer tout droit par la route de la Luye.

14,3 Bifurcation (715 m) : partir à gauche par la route du Moulin-du-Pré ou D 244. Dépasser la station d'épuration…

15,8 Carrefour : suivre à gauche la D 900b sur moins de 100 m, puis prendre à droite la D 45 vers Châteauvieux. Laisser un premier embranchement à droite.

17,1 Carrefour de la Tour-Ronde : le GR nous arrive par la droite, rester encore sur la D 45.

4h40 **18,2** À la sortie de **Villar,** quitter la D 45 pour s'engager à gauche sur une route sans issue vers Les Abadous. Laisser un premier embranchement à gauche, puis deux à droite. Après le hameau des Abadous, poursuivre tout droit sur du bitume dégradé.

19,0 Dans un virage à droite, descendre à gauche un sentier forestier (balisage ; 773 m). Après une zone marécageuse, le chemin monte parmi les marnes, sous les pins.

20,1 Au point haut, bifurcation : poursuivre à gauche.

21,0 Bifurcation : virer totalement à droite pour franchir un ravin (env. 850 m). Le sentier remonte le long du flanc opposé (plein sud). Puis dégringole de plus en plus abruptement.

22,0 Bifurcation : descendre à gauche.

23,3 On arrive sur le bitume, aller tout droit en direction de Tallard. Après quelques mètres, quitter la route pour s'engager sur le sentier à gauche. On retrouve la route une centaine de mètres plus bas, l'utiliser jusqu'au…

24,1 Virage à droite : descendre à gauche un chemin qui conduit au village. Emprunter une rue à gauche qui bute sur la D 942, à suivre à droite.

6h20 **24,6** **Tallard.** Place du Commandant-Dumont, centre du village (602 m).

GAP

La cité s'étend sur un territoire qui était déjà habité à l'âge du bronze. Une décennie avant la naissance du Christ, Gap s'appelait Vapicum. Ce *castrum*, fondé par les légions romaines, constituait une station-étape le long de la route reliant la vallée du Rhône à Turin. Cette situation propice aux échanges commerciaux permit à la ville de se développer économiquement durant le Moyen Âge, avec notamment ses célèbres foires. Avant cela, christianisée très tôt, Gap fut élevée au rang d'évêché dès le Ve siècle. La cité devint aussi une étape majeure pour les pèlerins de Compostelle arrivant d'Italie ou pour les romieux se rendant à Rome *via* les Alpes et la Via Francigena. Carrefour routier et stratégique, fortifié par les Romains puis doté d'un système défensif imposant au Moyen Âge, dont il ne subsiste aucune trace, Gap vit passer de nombreuses armées, à commencer par les troupes participant aux guerres d'Italie. Plus tard, elle deviendra une étape sur les routes royales choisies par Colbert au XVIIIe siècle pour relier Marseille à Briançon. Enfin, Gap accueillera Napoléon Bonaparte dans la nuit du 5 au 6 mars 1815, lors de son retour de l'île d'Elbe.
Le vieux centre-ville a conservé sa physionomie de bourg médiéval fortifié, avec ses ruelles étroites et ses hautes bâtisses dont les plus anciennes s'observent aux abords de la place aux Herbes et de la place Gavotte. La place Saint-Arnoux correspond au noyau urbain développé par les Romains. De même, la rue du Colonel-Jacques-Roux constituait l'axe principal du *castrum* installé vers 14 av. J.-C. le long de la voie romaine appelée *Via Cottia per Alpem*.
La cathédrale dédiée à Notre-Dame de l'Assomption fut élevée au XIXe siècle, mais elle reprend les styles romano-provençal et gothique de l'édifice antérieur qui menaçait ruine. L'utilisation de pierres blanches et grises ou du marbre rose de Chorges confère à la façade une note polychrome évoquant vaguement les constructions médiévales, façon Viollet-le-Duc…
La place Jean-Marcellin, ex-place Saint-Étienne au Moyen-Âge, est toujours très animée, particulièrement les jours de marché. Elle abrite une fontaine, des commerces et des terrasses qui en font un lieu propice à la détente.

TALLARD

La cité existait déjà au début du Ve siècle puisqu'elle fut évangélisée à cette époque par saint Grégoire, évêque de Grande-Arménie, qui y mourut et devint aussi le saint patron de la paroisse. Par sa position dominante au-dessus de la Durance, le village se vit attribuer le rôle de place forte et se dota au Moyen Âge de tours défensives. Elles laissèrent la place, à partir du XIVe siècle, au château que nous pouvons admirer à présent. Une fois franchie la porte en plein cintre, nous découvrons le logement seigneurial de style Renaissance et le corps de garde. La forteresse héberge également la chapelle Saint-Jean, de style gothique flamboyant.
L'histoire du village se raconte au fil des ruelles à travers les façades anciennes, les portes sculptées, les fontaines et les lavoirs. L'église paroissiale, édifiée vers 1640, est dédiée à saint Grégoire. Orgue et mobiliers datent des XVIIe et XVIIIe siècles. Les tableaux relatant la vie du saint sont les œuvres exécutées en 1743 par les deux peintres italiens, Millesi et Grassis.

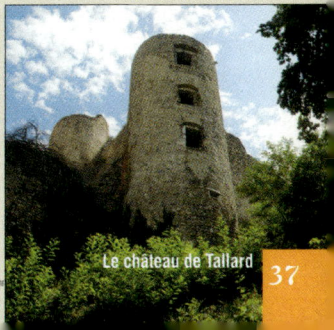
Le château de Tallard

Le paysage au départ de Tallard

Tallard
La Motte-du-Caire

Dès la sortie de Tallard, le chemin balisé franchit la Durance puis s'en écarte, en choisissant un tracé totalement différent de celui de la Via Domitia. Le parcours probable de la voie romaine est aujourd'hui recouvert par le bitume de la N 85 et celui d'une autoroute qui acheminent l'automobiliste jusqu'à Sisteron en une quarantaine de minutes. Trois journées à travers des montagnes, des vallons et des villages sympathiques nous seront nécessaires pour rallier cette ville. Durant la première journée, après une montée à travers bois, le balisage officiel s'offre un détour supplémentaire en passant près du hameau des Siblets et en poussant jusqu'à Venterol. Nous proposons un raccourci afin d'atteindre au plus vite la Tête de Boussac. Plus loin, nous optons pour la variante GR par le col du Buissonnet, plutôt que par le col de la Berche (parcours confus et moins sûr aux dires des spécialistes des randonnées locales). Enfin, nous atteignons la vallée du Grand-Vallon où une petite route peu passante, bordée de vergers, nous achemine à La Motte-du-Caire.

🌐 CARTE UTILE

🌐 3338 ET

🚶🚶 RENSEIGNEMENTS PRATIQUES

✤ LA MOTTE-DU-CAIRE (04250)

→ www.lamotteducaire.com

→ OT, Le Caire, 04 92 68 40 39, www.hautesterresprovence.com

→ GE La Bâtie Neuve, 16 pl., 14 €/p., pdj 6 €, repas 15 €, panier repas 7,50 €, coin cuisine, accueil équestre, 04 92 68 36 51, www.fermelabatieneuve.free.fr

00,0 Tallard. Depuis la place du Commandant-Dumont (602 m), suivre la D 942 vers le nord jusqu'à la mairie qu'on laisse à gauche, puis on descend à droite la D 46. Traversr le pont sur la Durance.

01,1 Carrefour en T : virer à droite avec la D 46. Après 250 m, aller à gauche par un chemin gravillonné qui va obliquer à droite et traverser le lit d'un torrent.

02,4 Carrefour : descendre trois mètres vers la droite et emprunter la piste en face. Après quelques mètres, on franchit un autre torrent à gué, puis le balisage emprunte un sentier caillouteux assez raide. Au carrefour en T, monter à droite à travers la forêt domaniale de Tallard.

03,7 Au pied d'un poteau de ligne HT (998 m), bifurcation : le GR part à gauche, on peut faire le choix de grimper tout droit au SE vers la Tête de Boussac et Urtis (balisage local). Après 450 m, ignorer une piste à droite.

1h30 04,4 Tête de Boussac (1 150 m). La piste débouche dans un virage sur la route d'Urtis à prendre à droite. Le trafic est nul et la vue splendide sur la vallée de la Durance.

06,1 Les Garcins. À l'entrée du hameau, monter une piste à gauche. Au carrefour qui suit, bifurquer par la piste à gauche.

06,5 Quitter la piste pour s'engager à droite sur un sentier qui, après le franchissement d'un torrent, va monter assez raide.

vers Sisteron

La Motte-du-Caire

Le Caire

1 222 m

Faucon-du-Caire

1 292 m

Col du Buissonnet

Clastre
Les Garcins
Urtis
vers Curbans

Tête de Boussac

998 m

vers Sisteron

les Boulangeons

Tallard

602 m

vers Chorges

vers Gap

vers Barcelonnette

La Durance

850 m

Venterol (sur le GR mais hors notre chemin)

07,3 Lieu-dit Clastre. Couper une large piste (une variante du GR part à droite vers le col de la Berche, parcours difficile par mauvais temps et mal balisé), continuer en face vers le col du Buissonnet. Au col (1 380 m), descendre en face par un sentier qui se prolonge par une piste devenant abrupte dans un relief très raviné. Au final, le chemin caillouteux bute sur la D 951 (900 m), à suivre à droite vers…

3h20 **11,8** **Faucon-du-Caire.** Entrer dans le village en laissant à droite l'église dédiée à saint Jean de Matha. Sonner la cloche des pèlerins, mise en place récemment par la municipalité pour perpétuer la tradition. On retrouve la D 951 : s'y engager à gauche vers Le Caire. La route est paisible, le décor splendide.

16,1 Le Caire. Traverser le village et poursuivre toujours par la D 951.

5h20 **20,2** **La Motte-du-Caire.** Place du village, face à la Poste (709 m).

LES SIBLETS
(sur le tracé du GR)

Siblets, ou *sifflet* en patois, rappelle que le vent siffle souvent dans la région. Autrefois, dans les prairies alentour, le chanvre était laissé à rouir ou pourrir, afin d'en retirer les fibres nécessaires à la fabrication du fil qui servait à la confection des draps, vêtements ou sacs à jambon.

VENTEROL
(sur le tracé du GR)

La commune est composée d'une dizaine de hameaux parmi lesquels Les Siblets et Les Vivians. Le nom de Venterol viendrait de *ventorum locus*, « lieu exposé aux vents », ou bien du provençal *venteyrou*, « le pays du vent qui tourne ». L'église du Haut-Venterol est dédiée à saint Cré-

pin et comprend un double clocher, typique de la région. Les ruines d'un vieux village et du fort du Châtelard du XIe siècle parsèment et couronnent le petit piton de la Cuérate. Lors des batailles contre les comtes de Provence, nobles et paysans montaient se réfugier dans la forteresse.

FAUCON-DU-CAIRE

Ce modeste village fut le lieu de naissance de saint Jean de Matha vers 1160. L'homme fonda l'ordre de la Très Sainte-Trinité. La mission principale des trinitaires consistait à racheter les chrétiens capturés par les musulmans à l'occasion des razzias opérées en Méditerranée. La renommée de saint Jean de Matha se répandit au-delà de la Provence. Il mourut à Rome en 1213, mais ne

fut canonisé qu'en 1666. Nous verrons à La Motte-du-Caire que l'ordre éleva un couvent au XIVe siècle afin d'honorer la mémoire du fondateur.

LE CAIRE

Du fait de la désertification des campagnes, Le Caire a bien failli connaître l'abandon et l'oubli. Aujourd'hui, les vieilles demeures en pierres roses aux volets bleu lavande connaissent un renouveau en tant que résidences secondaires. Inutile pour autant de chercher des traces tangibles du passage des pèlerins de jadis.

LA MOTTE-DU-CAIRE

Le nom apparaît pour la première fois dans les chartes en 1168. Au XIe siècle, il ne s'agissait que d'une motte castrale, terme que l'on retrouve dans l'appellation actuelle. En revanche, l'emploi du mot « Caire » ne trouve aucune justification. Dans le courant du XIVe siècle, l'ordre de la Trinité y fonda un couvent qui survécut pendant quatre siècles. Les ruelles conservent une atmosphère médiévale, de même que l'église paroissiale surmontée d'un clocher roman.

Vers Le Faucon-du-Caire

Près de Saint-Geniez

La Motte-du-Caire
Saint-Geniez

Les bons marcheurs pourraient rallier Sisteron en une seule étape de 35 km en partant de bon matin pour atteindre le col de Saint-Geniez à mi-journée, le parcours restant s'effectuant principalement en descente. Nous avons scindé le parcours en deux, afin de laisser aux contemplatifs le loisir d'admirer les paysages alpins, les derniers, car après Saint-Geniez les décors changent radicalement en prenant un aspect nettement plus méditerranéen. Pour l'heure, dès la sortie de La Motte-du-Caire, nous quittons la vallée riante du Grand-Vallon pour grimper à travers des forêts de pins aux formes torturées. Au passage de l'Homme-Mort, nous éprouvons presque des frissons d'effroi. Nibles et Châteaufort sont de gros hameaux, aucun ravitaillement à espérer, sinon de l'eau fraîche aux fontaines. Pour l'ultime grimpée au col de Saint-Geniez, nous prenons nos distances par rapport au GR en lui préférant une longue piste forestière. À l'arrivée, Saint-Geniez, village montagnard hors du temps, offre gîte et couvert. La chapelle de Dromon, à une courte marche de là, mérite une petite visite.

⊕ CARTE UTILE

⊕ 3339 ET

⚇ RENSEIGNEMENTS PRATIQUES

❖ SAINT-GENIEZ (04200)

→ www.saint-geniez.net
→ GE Les Cavaliers de Saint-Geniez,
   12 pl., 15 €/p., pdj 5 €,
   1/2 pension 33 €/p., panier repas 6 €,
   coin cuisine, accueil équestre 6 €,

Au passage de l'Homme Mort

04 92 61 00 87 ou 06 85 16 38 70,
www.provence-randonnee-equestre.com
→ GE, Le Dromon, 12 pl., 15 €/p., pdj 5 €,
1/2 pension 35 €/p., panier repas 6 €,
du 01/05 au 31/10, 04 92 61 02 02
→ CH Chardavon, 15 pl., 52 €/2 p.,
pdj compris, tarif pèlerin 18 €/p., repas 22 €,
à 2 km du chemin, 04 92 61 29 04,
www.saint-geniez.net/activites/devos.html

00,0 La Motte-du-Caire. Place du village (709 m), face à la Poste. Prendre la D 951 vers Sisteron. Après 300 m, carrefour des Quatre-Chemins, obliquer à droite vers Melve par la D 104.

00,8 Quitter la D 104, s'engager sur une piste goudronnée à gauche (balisage). Après 100 m, le goudron bifurque à gauche, on monte tout droit un sentier pierreux. Grimpée assez raide. Au carrefour en T : prendre à droite vers le passage de l'Homme-Mort (tout un programme !).

01,6 On bute sur la D 104, à monter à gauche. À 200 m, on oblique une première fois à gauche vers La Bréjonnière, puis encore à gauche 100 m plus loin (balisage).

Laisser à droite La Bastide-Roche, puis la ferme Heyriès.

03,3 Le GR quitte la piste (819 m) pour filer à droite sur un sentier (plein sud). Après 600 m, la Bréjonnière est sur notre gauche à 100 m environ. Monter tout droit sous les pins. Attention, le parcours est sinueux, des pistes partent dans tous les sens, rester vigilant avec les marques du GR !

1h20 04,7 Passage de l'Homme-Mort (920 m env.). Descendre un muret pour aboutir sur une large piste forestière à emprunter à droite. Longue descente et beaux paysages depuis cette piste en balcon.

06,4 Franchir une barrière en bois de l'ONF. Aller tout droit. La piste arrive au point bas et vire à gauche. Après la traversée d'un vallon, elle remonte le versant opposé. Passer un point haut, laisser à droite un embranchement, nouvelle descente en corniche.

08,0 Carrefour : ignorer à droite la ferme Borelly, emprunter à gauche une piste bitumée. Après 500 m, le goudron vire à droite : aller tout droit par un chemin pierreux.

09,0 Se diriger à gauche par un sentier en lacets, bordé de ravines. Après 900 m, on bute sur la D 951, à suivre à gauche vers Nibles (le GR évite le village qui pourtant dispose d'une fontaine !).

2h45 10,4 Nibles (602 m). Mairie et fontaine, église sur la droite. Laisser la mairie à gauche, la fontaine à droite, pour descendre en direction de Châteaufort. À une centaine de mètres, au carrefour, on retrouve le balisage : aller tout droit. Enjamber le lit d'un torrent, puis s'orienter à gauche par une piste.

11,3 On accède à la D 454 à prendre à gauche pour franchir le pont sur la Sasse. Montée vers…

11,9 Châteaufort. À ce point se présentent deux options : le tracé du GR, assez accidenté jusqu'au col de Saint-Geniez (suivre les marques), ou bien l'itinéraire par le prieuré Sainte-Marie-les-Jaumes que nous décrivons.
Dans le village, le GR part à droite. Nous continuons tout droit vers Les Jaumes. Laisser le prieuré à gauche.

13,8 Fin du goudron, poursuivre par une piste gravillonnée. Laisser un embranchement à gauche vers Terre-Basse, continuer à monter vers la Pène.

16,8 Laisser à droite le premier embranchement vers La Pène ; après 600 m, de même avec le second embranchement vers La Pène.

18,6 Passer une barrière. Laisser partir une piste sur la gauche, monter tout droit.

19,6 Col de Saint-Geniez. Aller tout droit par la piste gravillonnée. Dépasser le Pas-de-l'Échelle (1 220 m) pour descendre à droite la piste conduisant à…

5h30 20,4 Saint-Geniez. Mairie et gîte d'étape (1 080 m).

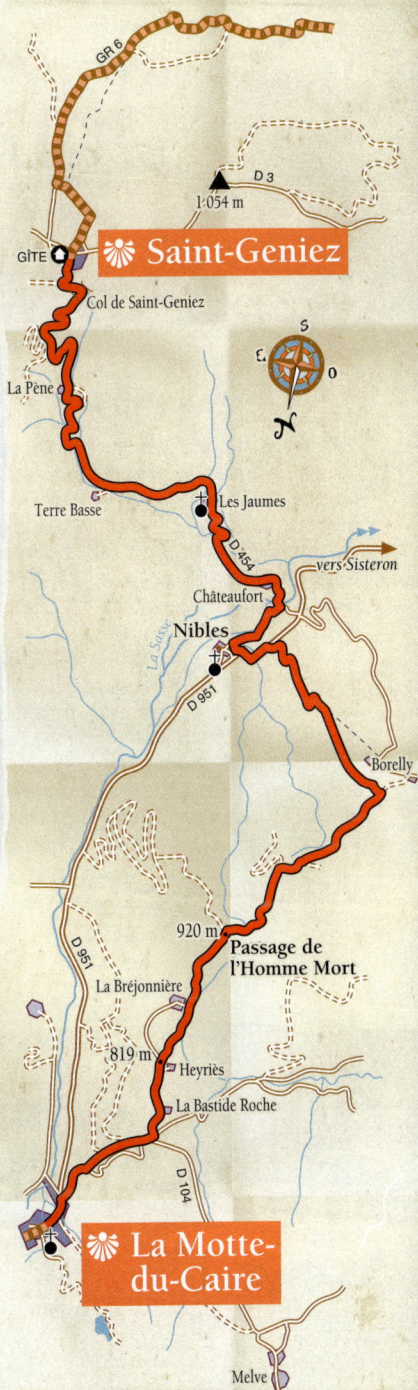

GR 6

D 3
1 054 m

✺ Saint-Geniez

GÎTE
Col de Saint-Geniez

La Pène

Terre Basse

Les Jaumes

D 454

vers Sisteron

Châteaufort

Nibles

La Sasse

D 951

Borelly

920 m

Passage de l'Homme Mort

D 951

La Bréjonnière

819 m

Heyriès

La Bastide Roche

D 104

✺ La Motte-du-Caire

Melve

Vers Châteaufort

À TRAVERS LE MASSIF DES MONGES

Nous découvrons des paysages d'alpages et de forêts, dominés par des crêtes et des massifs rocailleux culminant tout au plus à 1 000 m d'altitude. Pour atteindre Nibles, on descend dans le couloir boisé de la Sasse, parsemé de prairies et de champs de céréales.

NIBLES

Nibles apparaît dans des documents du Moyen Âge sous le nom d'Umebellus. La localité était occupée au XIIe siècle par des chevaliers de l'ordre de Malte. À l'exception de deux ou trois fermes encore en activité, le village semble endormi ou à l'abandon. Nous découvrons de vieilles granges en ruine, un pigeonnier cylindrique jouxtant une ancienne maison seigneuriale bâtie à la fin du XVIIIe siècle et pompeusement appelée « château ». La petite église Notre-Dame-de-Bethléem fut élevée en 1717, elle abrite un joli retable sculpté.

CHÂTEAUFORT

Minuscule village perché au-dessus de la Sasse dans un site tranquille, composé de collines boisées. Au Moyen Âge, il constituait une motte castrale, mentionnée pour la première fois vers 1030 et dépendant des comtes de Provence.

Aujourd'hui, Châteaufort compte une douzaine de maisons dont la moitié sont abandonnées. L'église Saint-Laurent, de style roman, fut dédiée à l'origine à saint Jacques ainsi qu'en témoigne un document établi en 1602. Est-ce à dire que les pèlerins de Compostelle passaient en grand nombre par cet endroit ? L'édifice fut reconstruit au XVIIe siècle et restauré en 1826. Il se caractérise par un chevet plat et un petit clocher-mur. À l'extrémité du village, on découvre également les restes d'un « château fort » qui se résume à une vieille tour aujourd'hui rénovée (propriété privée).

LA CHAPELLE DE DROMON

(hors chemin à 40 min ou 2,5 km à l'est de Saint-Geniez)
L'édifice, très modeste, possède une nef centrale dépourvue de transept et une abside voûtée en cul-de-four. Son intérêt principal réside dans sa crypte bâtie autour de l'an mille. Les doubles arceaux divisent la nef en trois travées. Les chapiteaux à feuilles d'acanthe en albâtre sont ornés de diverses représentations : paon, bélier et gerbe de blé.

Au col de Saint-Geniez

La Baume

Saint-Geniez

Sisteron

ette courte étape qui s'effectue en majeure partie sur des pistes en descente nous laissera tout l'après-midi pour explorer Sisteron. Les décors ont changé sur ce versant sud de la montagne de Gache tournée vers la Méditerranée, à présent proche à vol d'oiseau. Les rochers et la végétation alpestre ont laissé la place à des paysages plus conformes à ceux de la Provence. Dans un second temps, nous longeons le flanc nord de la montagne de la Baume pour aboutir dans le quartier du même nom qui abritait, au Moyen Âge, un couvent de dominicains au pied du célèbre Rocher de la Baume. La Durance se fraie un étroit passage entre ce rocher et la cité de Sisteron. Ce goulet d'étranglement, ou cluse, a conféré de tout temps à la ville une position de contrôle. Oppidum dans l'Antiquité, puis place forte au Moyen Âge, Sisteron a toujours bénéficié d'une situation stratégique, ce qui lui valut d'ailleurs des bombardements destructeurs lors de la Seconde Guerre mondiale. Heureusement, son riche patrimoine a été largement épargné. Outre la cathédrale, et la citadelle qui domine la ville, on aura plaisir à arpenter ses ruelles et ses andrônes (passages couverts).

La cathédrale de Sisteron, détail

🌐 **CARTE UTILE**

🌐 3339 ET

RENSEIGNEMENTS PRATIQUES

❖ **SISTERON (04200)**

➡ OT, place de la République, 04 92 61 12 03, www.sisteron.com

➡ Gares SNCF et routière

➡ CH Berte, 1 ch., 50 €/2 p., pdj compris, coin cuisine, 168 av. Jean-Moulin, 04 92 32 48 04, www.sisteron.com

➡ H Le Tivoli, 18 ch., de 31 à 55,50 €/1 à 3 p., pdj 6 €, 21 place René-Cassin, 04 92 61 15 16, www.hotel-tivoli.fr

➡ H La Citadelle, 27 ch., de 30 à 70 €/1 à 4 p., pdj 8 €, 1/2 pension + 18 €/p., panier repas, 126 rue Saunerie, 04 92 61 13 52, www.hotel-lacitadelle.com

➡ Camping municipal, 127 empl., tente de 9,50 à 16 €/p., épicerie en saison, du 01/04 au 31/09, 44 chemin des Prés Hauts, 04 92 61 19 69, www.camping-sisteron.com

00,0 Saint-Geniez (1 080 m). Depuis le gîte d'étape, descendre plein sud vers le Pré du Bachas, puis obliquer au SE (laisser filer à droite les marques du GR au carrefour du Défends), continuer avec la variante du GR 6 jusqu'à rejoindre…

01,0 Une petite route, à descendre à droite. Très calme, elle dessert quelques fermes. À la bifurcation : laisser la variante du GR 6 filer à gauche, continuer tout droit (traversée Préalpes) jusqu'à…

03,7 Sorine. Aller vers Les Naux par une piste de terre.

04,6 Les Naux (1 077 m). Après 400 m, à la patte d'oie, s'engager au milieu sur un sentier qui permet de retrouver un chemin de terre et de rejoindre la ferme de…

05,7 La Colle. Le chemin zigzague bientôt sous les chênes, puis se dirige au nord. 1 km après La Colle, carrefour : prendre à gauche une piste d'accès, plein ouest.

07,0 Quitter la piste au niveau d'un réservoir, descendre à droite un sentier

qui la recoupe après 200 m. Dégringoler le sentier jusqu'à franchir le…

2h10 **08,5** **Pont sur le Jabron** (720 m). Sur l'autre rive, on bute sur une petite route, à suivre à gauche vers Les Meuniers. Laisser à gauche l'embranchement vers Entrepierres. Monter tout droit. Ignorer en route un autre embranchement à gauche.

10,5 Col de Mézien (814 m). On accède à la D 3, à descendre à gauche pendant 800 m. Dans un lacet virant à droite (764 m), quitter la D 3 pour suivre une piste à gauche. Elle court sur le flanc nord de la montagne de la Baume et se rétrécit après environ 400 m. Au final, le sentier laisse la place au bitume à l'entrée de…

13,8 La Baume. Laisser à droite l'ancien couvent Saint-Dominique. Longer une allée bordée par un grillage. Au pied du Rocher de la Baume, prendre à droite la rue du Commandant-Wilmart, puis franchir le pont sur la Durance. Dans Sisteron, emprunter à gauche la rue et le couvert Font-Chaude, puis gagner à droite, par la rue de la Saunerie et la rue Droite, l'avenue Paul-Arène qui débouche à…

3h45 **15,0** **Sisteron,** place de la République (mairie et OT ; 485 m), en face de la cathédrale Notre-Dame.

Saint-Dominique à La Baume

Sisteron

vers Château-Arnoux-Saint-Auban

Durance

vers Manosque
CATHÉDRALE
vers Gap
ANCIEN COUVENT
La Baume

1 147 m
764 m
Col de Mézien
814 m

Entrepierres

Le Jabron

Les Meuniers
PONT

Montagne de Gache

RÉSERVOIR

1 246 m
La Colle

1 077 m
Les Naux
Sorine

1 054 m

Charnes
GÎTE

Saint-Geniez

LA PIERRE ÉCRITE

(hors chemin sur la D 3 en direction de Chardavon)

C'est une inscription en latin gravée dans le roc et rédigée par l'ancien préfet des Gaules, Dardanus. Dans ce texte gallo-romain datant du Ve siècle, Dardanus signale la construction d'une route et la création de la ville nouvelle de Theopolis (ville de Dieu), afin qu'une communauté de chrétiens puisse s'y réfugier et s'y installer.

LE COUVENT SAINT-DOMINIQUE

Il se situe dans le faubourg de la Baume, face à Sisteron, sur la rive gauche de la Durance. Bâti en 1248 à la demande de Béatrix de Savoie, puis géré par des dominicains. Une première fois détruit au XVIe siècle, puis reconstruit vers 1620, il sombra dans l'abandon après la Révolution. Il ne subsiste que l'église dominée par un élégant clocher romano-lombard et les quelques arcades du cloître abritant des enfeus. Saint-Marcel est l'ancienne église paroissiale du faubourg de la Baume édifiée au XIIe siècle.

SISTERON

La ville occupe une position aussi magnifique que stratégique en s'adossant à la barre tithonique verticale du flanc sud de l'anticlinal des Naux que la Durance traverse par une cluse ou *clue* en provençal. Sans doute pour cette raison, le

site a été habité dès la préhistoire, il y a environ quatre mille ans, puis forma un oppidum. Les Romains y établirent une station sur la voie Domitienne. La cité fut élevée au rang d'évêché au VIe siècle. Au Moyen Âge, Sisteron devint la place forte des comtes de Forcalquier et une possession des comtes de Provence sur la frontière nord de leur territoire. Entrée dans le giron du royaume de France, la ville, en raison de sa valeur militaire, fut l'objet d'âpres rivalités entre catholiques et protestants lors des guerres de Religion. Entre 1590 et 1597, Jehan Sarrazin, ingénieur militaire d'Henri IV, renforce le dispositif défensif de la cité en créant des enceintes successives au nord et au sud, des ouvrages bastionnés se raccordant aux remparts édifiés au XIVe siècle. En découvrant la citadelle un siècle plus tard, Vauban est subjugué par l'ingénieux système de fortifications en dents de scie, il remarque également que l'ensemble est dominé par des cimes rendant Sisteron très vulnérable. Le génial ingénieur se contentera de faire ajouter une poudrière. La menace venue des airs se confirmera le 15 août 1944, lorsqu'un bombardement anglo-américain tua une centaine d'habitants et détruisit maisons et monuments.

LA CITADELLE

Elle surplombe la ville depuis le XIe siècle. À elle seule,

elle raconte et explique les heurs et malheurs endurés par la cité durant près de mille ans.

Les tours de fortification élevées vers 1370 formaient le premier système défensif qui permit à Sisteron de résister aux assaillants au XIVe siècle. Comme nous l'avons vu précédemment, les bastions édifiés sous Henri IV renforcèrent le dispositif. L'ensemble des tours et portes fut détruit dans le courant du XIXe siècle. Les fortifications que nous pouvons encore admirer ont été sauvées par Prosper Mérimée.

Il faut citer la tour du Fort au pied de la Citadelle, la tour des Gents d'Armes s'élevant près de la Poste – et non pas de la gendarmerie... Et la troisième, dite de la Médisance. Elle fut nommée ainsi car elle constituait un lieu de rendez-vous pour les habitantes qui aimaient y cancaner. La tour Notre-Dame se situe à proximité de la cathédrale. Enfin, La tour de la porte Sauve s'est vue appeler ainsi parce qu'elle jouxtait la porte par laquelle s'enfuirent un millier de protestants en 1591.

NOTRE-DAME-DES-POMMIERS

La cathédrale, bâtie au XIIe siècle, exhibe un bel exemple de l'art lombard provençal avec son portail de blocs de pierre noirs et blancs. L'intérieur, qui comprend trois nefs, héberge un remarquable retable du XVIIIe siècle et des tableaux de N. Mignard et Van Loo.

À TRAVERS LA VIEILLE VILLE...

Outre les multiples fontaines, les couverts appelés ici « andrônes », les façades médiévales et les portes ouvragées, au détour des ruelles nous découvrons d'anciens couvents qui ont sans doute vu passer des pèlerins et peut-être hébergé certains d'entre eux : clarisses, ursulines, capucins, visitandines.

Sisteron : la citadelle

Le Jabron au pont du Gournias

Sisteron - Les Chabanes (Châteauneuf-Val-Saint-Donat)

Notre descente vers le Sud se confirme encore plus que lors de la précédente étape. Aujourd'hui, ce sont les oliviers et les cyprès qui surgissent et jalonnent notre route. Nous ne sommes pas pour autant sortis des reliefs montagneux. Les sentiers demeurent parfois abrupts, les montées rudes car certains tronçons nous font dépasser les 1 000 m d'altitude. Les villages également sont perchés sur des promontoires. Anciens oppidums pour la plupart, ils constituaient des places fortes couronnées par des châteaux forts au Moyen Âge. C'était le cas de Peipin, mais sa forteresse n'est plus que ruine. À Châteauneuf-Val-Saint-Donat, c'est le vieux village tout entier qui a été anéanti. Ces destructions remontent au temps de la Terreur, en 1793.

🌐 CARTES UTILES

- 🌐 3339 OT
- 🌐 3341 OT

🏃 RENSEIGNEMENTS PRATIQUES

✤ PEIPIN (04200)

→ www.peipin.fr, www.valdedurance-tourisme.com

→ GE La Fenière, 26 pl. en 2 dortoirs 9,50 €/p., pdj 5 €, 1/2 pension 29 €/p., et 4 ch., 12,50 €/p., 1/2 pension 32 €/p., panier repas 7 €, tente 4 €/p., 1/2 pension 23,50 €/p., 1 impasse de la Fénière, quartier Champarlaud, 04 92 62 44 02, www.lafenierepeipin.free.fr

→ CH L'Albizia, 4 pl., de 45 à 80 €/1 à 4 p., pdj compris, coin cuisine, 10 chemin du Plan, 04 92 62 42 83, www.lalbizia04.free.fr

→ CH Pichoun Blu, 2 ch., 55 €/2 p., pdj compris, coin cuisine, 4 chemin de Valbelle, 04 92 62 42 97, www.oustaou-dou-pichoun-blu.com

→ HR Le Mistral, 12 ch., de 40 à 60 €/2 à 4 p., pdj 6 €, repas 13 €, Les Bons Enfants, N 85, 04 92 62 44 11

→ H Le Moulin du Jabron, 32 ch.,
  de 45 à 58 €/2 p., pdj 6,50 €, Les Bons Enfants,
  N 85, 2 km av. le centre-ville, 04 92 62 44 01

❖ **AUBIGNOSC (04200)**

→ www.aubignosc04.fr

→ HR La Magnerie, 9 ch, 65 €/2 p., pdj 9 €,
  Les Fillières, N 85, 04 92 62 60 11,
  www.la-magnanerie.net

❖ **LES CHABANNES / CHÂTEAUNEUF-
  VAL-SAINT-DONAT (04200)**

→ www.chateauneuf-v-s-d-04.fr

→ CH Le Mas Saint-Joseph, 13 pl.,
  de 57 à 101 €/1 à 4 p., pdj compris, repas 22 €,
  du 01/04 à Toussaint, 04 92 62 47 54,
  www.lemassaintjoseph.com

→ CH Le Jas de Péguier, 2 ch.,
  de 50 à 76 €/1 à 3 p., pdj compris, repas 15 €,
  04 92 62 53 33, www.jasdepeguier.com

→ CH Aux Charbonniers, 2 ch.,
  de 48 à 72 €/1 à 3 p.,
  pdj compris (repas pèlerin 10 €),
  04 92 62 51 52, www.aux-charbonniers.com

00,0 Sisteron. Place de la République (485 m). Laisser la mairie à gauche, suivre vers le sud la rue des Arcades. À la fin des arcades, tourner à droite, monter une volée de marches, s'engager à gauche sur une allée ombragée de pins.

00,7 À la fin de l'allée, prendre à droite sur 40 m la montée des Oliviers. Gravir à gauche des escaliers, poursuivre par une rampe. On débouche dans la rue Jean-Moulin, à grimper à gauche (trottoir), suivie de l'avenue du Jabron.

01,4 Au giratoire : s'engager légèrement sur la gauche sur l'avenue Saint-Domnin, bordée de pavillons. Aller jusqu'au terrain de football que l'on contourne par la gauche pour emprunter le chemin de la Combe-d'Arieu. Bifurquer à droite par un chemin agricole pour rejoindre la…

02,6 Chapelle Saint-Domnin (540 m). Laisser le sanctuaire à gauche, après 40 m prendre à droite un sentier en direction du massif forestier de Montgervis.
Depuis Sisteron, le paysage est devenu méridional avec cyprès et oliviers. Couper

vers Manosque

vers Sisteron

602 m

Jas des Bides

RUINES

Châteauneuf-Val-Saint-Donat

✺ **Les Chabannes**

Aubignosc
Peipin

vers Manosque

Les Granges

Pas de Peipin

Crête de Chapage
981 m

Le Jabron

D 946

PONT DU GOURNIAS
La Loubière

Montgervis

SAINT-DOMNIN

vers Vaison-la-romaine

Durance

D 17

✺ **Sisteron**

1 147 m

La Baume

D 948   *vers Ribiers*

vers Gap

une piste, poursuivre en face par le sentier à flanc de colline.

04,2 On tombe sur une piste goudronnée, à suivre à gauche pour franchir la D 946 et le pont du Gournias. Sur l'autre rive, filer sur la route qui part à droite.

05,1 Au niveau de La Loubière, gravir à gauche un sentier assez raide qui coupe une piste après 500 m. Demeurer sur le sentier qui remonte la combe Longue. Il est parfois rocailleux, à d'autres moments bourbeux.

06,3 Le sentier frôle une piste à gauche. Continuer en tirant à droite par un sentier toujours ascendant. Après 350 m, le sentier parvient à une piste, à suivre à gauche, dès qu'elle vire à gauche, le balisage s'en écarte à droite par un chemin en s'orientant E-SE. Pendant 250 m, obliquer à droite par un sentier qui devient un raidillon pour atteindre la…

2h10 **07,7** **Crête de Chapage** (981 m). Un sentier à gauche, d'abord E-SE, puis SE permet de rejoindre le…

08,9 Pas de Peipin (1 030 m). Dévaler à gauche un sentier pendant 600 m. Poursuivre à gauche par une piste. (Attention : les marques GR ne sont pas très visibles.)

10,1 Carrefour de pistes : aller à droite en descente. À la patte d'oie, prendre à gauche. À la fourche suivante, obliquer à droite par une piste qui conduit aux Granges (le GR utilise des raccourcis pas toujours évidents).
Retour sur le bitume dès les premières habitations des Granges. Descendre le chemin

de Valbelle, couper la D 951, continuer en face par la route des Granges jusqu'à…

3h20 **12,6** **Peipin.** Place de la Mairie (483 m). Descendre en face la rue des Écoles, obliquer à droite par la montée des Oliviers qui vire à gauche pour contourner un lotissement. À 750 m, carrefour en T : prendre à droite la route d'Aubignosc qui bute sur la D 503. Couper la route, aller en face vers le cimetière dont on fait le tour par la droite en suivant un chemin empierré. Poursuivre par une piste goudronnée en descente.

14,2 Aubignosc, place de la Fontaine. Monter à droite vers le haut de la place. Après 200 m, quitter le bitume et prendre à droite un chemin blanc. Passer une barrière en bois pour pénétrer dans la forêt domaniale du prieuré. Laisser un embranchement à gauche. Traverser le ravin des Buis.

15,6 Là, laisser une piste monter à droite. Continuer sur la large piste pendant 300 m, puis dévaler un sentier à gauche. Passer un gué, continuer en face (un peu en amont).

16,9 Attention ! Le sentier franchit un ravin, les marques du GR se succèdent toutes à droite. Le parcours est sinueux, rester attentif aux marques sur les troncs ou aux cairns. Après 450 m, on passe un nouveau ravin. Le sentier en face est abrupt.

18,4 Point haut. Couper une piste, continuer par le sentier qui tire à gauche.

19,4 Village ruiné de Châteauneuf. Monter à travers les ruines en laissant l'église à gauche. Descendre un sentier en s'orientant à droite. On atteint une piste gravillonnée, à emprunter à droite.

20,5 Au point bas, carrefour en T : obliquer à droite vers Châteauneuf-Val-Saint-Donat. À la bifurcation : aller à droite (NO).

5h45 **22,2** **Les Chabannes** (Châteauneuf-Val-Saint-Donat ; 560 m).

LA CHAPELLE SAINT-DOMNIN

Elle s'élève dans le quartier du Thor à la sortie de Sisteron. Sa construction remonte au XIIe siècle, et elle est dédiée à saint Domnin, patron de Sisteron. Originaire d'une riche famille romaine vivant en Égypte au IIIe siècle, il débarqua à Rome, emprunta la Via Francigena, résida à Fidenza (dont il est aussi le saint patron) et à Vercelli, puis il évangélisa la région du Verdon avant de devenir le premier évêque de Digne. L'Église chrétienne compte plusieurs hagiographies de saint Domnin. La chapelle comporte une nef voûtée en berceau, le chœur est l'élément le plus ancien et remonte probablement au Xe ou XIe siècle. La tradition rapporte que les pèlerins de Compostelle allant vers Chateauneuf-Val-Saint-Donat s'arrêtaient dans ce sanctuaire, bien qu'il ne subsiste aucune trace de leur passage.

PEIPIN

Son nom vient du latin *podium parvum*, petite éminence, probablement un oppidum, surplombant la Durance en s'étalant parmi les champs d'oliviers. Au Moyen Âge, la chapelle attenante au château fort appartenait à l'abbaye Saint-André de Villeneuve-lès-Avignon. Le sanctuaire est à présent en ruine, ainsi que le donjon qui fut détruit en 1793. L'église paroissiale, dédiée à saint Martin et édifiée en 1676, possède une belle abside en cul-de-four. À l'intérieur se dressent une statue de saint Roch, du XVIIe siècle, ainsi qu'une représentation de la Vierge à l'Enfant, en bois polychrome doré, du XVIIIe siècle.

CHÂTEAUNEUF-VAL-SAINT-DONAT

Châteauneuf était bâti sur une butte à l'est de l'actuel hameau des Chabannes. Le vieux village constituait un *castrum* romain en bordure

Ruines à Châteauneuf-Val-Saint-Romain

de la voie Domitienne. Au Moyen Âge, des documents de 1220 mentionnent l'existence du village sous l'appellation de *Castrum Novum*, « Château Neuf », lequel est dominé par un château qui sera détruit bien plus tard, en 1793. Comme à Peipin, la commune comptait durant la Révolution une société patriotique calquée sur le modèle du club des Jacobins à Paris. Les membres de ces sociétés populaires à caractère révolutionnaire, à partir de 1793, voulaient effacer toute référence à la royauté et à la féodalité. Les châteaux en particulier étaient voués à la destruction.

LES JAS

Autour du hameau principal des Chabannes, on trouve plusieurs lieux-dits contenant le mot « jas ».

Ce terme d'origine provençale est issu du bas latin *jacium* signifiant le lieu où l'on gît, où l'on est couché. Par extension, il désigne des bergeries où venaient s'abriter et se reposer troupeaux et bergers.

La chapelle Saint-Domnin

Les Pénitents des Mées

(Châteauneuf-Val-Saint-Donat)
Les Chabanes - Lurs

Cette étape abonde de richesses patrimoniales. Les unes appartiennent au génie civil romain, les autres au passé médiéval religieux. Dès la sortie du village de Chabannes, nous foulons les pavés de la Via Domitia. Les tronçons visibles de la voie romaine sont ici bien présents. C'est pourquoi nous optons pour la variante du GR qui suit l'ancien tracé sur plusieurs kilomètres plutôt que l'itinéraire passant par la colline de la Louvière. La chapelle Saint-Donat mérite bien un petit détour, car elle constitue un bel exemple d'art roman primitif provençal. Nous rencontrons un autre lieu témoignant de la spiritualité médiévale avec le monastère de Ganagobie dont l'histoire s'étale sur mille ans. Le pavement des mosaïques de l'église est remarquable. Au pied de la colline abritant le monastère, nous franchissons le pont de Ganagobie, ouvrage romain de la Via Domitia. Au terme de l'étape, Lurs est encore une surprise. Ce splendide village domine la vallée de la Durance et, vers l'ouest, les paysages du Lubéron.

🌐 CARTES UTILES

- 🌐 3341 OT
- 🌐 3342 OT

🚹 RENSEIGNEMENTS PRATIQUES

✚ **PEYRUIS (04310)**

→ www.peyruis.fr, www.valdedurance-tourisme.com
→ (GE communal en projet, mairie 04 92 33 21 00)

GE et CH Les Grandes Mollières, 20 pl.,
12 pl. en dortoir 20 €/p., pdj compris,
1/2 pension 35 € ; 5 ch., de 64 à 114 €/2 à 4 p.,
pdj compris, 1/2 pension 49 €/p., repas 20 €,
panier repas 10 €, accueil équestre 7 €,
04 92 68 11 41, www.lesgrandesmollieres.com

❖ PRIEURÉ DE GANAGOBIE (04310)

→ www.valdedurance-tourisme.com
→ Hôtellerie du monastère Notre-Dame, 16 pl.,
pension 35 €/p. (2 nuits min.), fermé en jan.,
04 92 68 00 04, www.ndganagobie.com

❖ LURS (04700)

→ SI, en saison, 04 92 79 10 20, au séminaire
→ GE municipal (courant 2011), 6 pl.,
coin cuisine, mairie 04 92 79 95 24

00,0 Les Chabannes (Château-neuf-Val-Saint-Donat). Du carrefour central (560 m), prendre la petite route presque plein sud vers la voie Domitienne.

00,9 Après le Jas-des-Bides, à la patte d'oie, monter tout droit une piste gra-villonnée où affleurent les pavés de la Via Domitia. Au point haut, laisser partir à droite une piste, aller tout droit pour pas-ser sous une ligne HT (602 m).

03,4 Bifurcation et deux options :
– en empruntant la piste à droite, nous sui-vons le GR par la montagne ;
– à gauche, nous optons pour la variante du GR par la voie Domitienne (nous préfé-rons cette seconde option, plus évocatrice et plus authentique).
Après 400 m, laisser un embranchement à gauche, aller tout droit sur le tracé de l'an-cienne voie romaine (gros pavage).

05,6 On bute sur une route, à descendre à droite. Franchir un pont. À 200 m, on touche la D 101, à monter à droite vers la…

1h45 06,8 Chapelle Saint-Donat. Pour repartir, retourner sur ses pas par la D 101. (Le GR quitte la route pour une piste à droite après 200 m.) Nous choisis-sons de continuer sur la D 101 pour rejoin-dre la variante du GR.

07,9 Laisser un premier embranche-ment à droite, marqué GR, poursuivre la

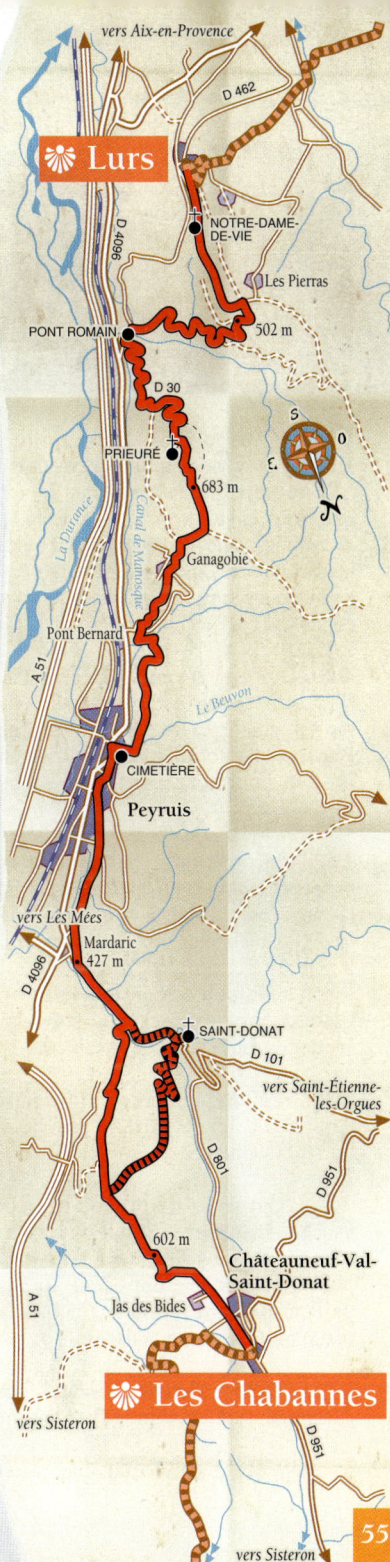

Balisage GR® dans Lurs

Tympan du monastère de Ganagobie

descente sur la D 101. Après 800 m, la quitter : le second embranchement à droite (427 m), marqué GR, est bien la variante que nous cherchions. C'est une piste gravillonnée, puis goudronnée dès les premières habitations. Continuer par l'avenue de la Roche (qui devient en sens interdit), continuer par l'avenue du Portail.

3h00 11,4 **Peyruis,** place des Platanes (397 m). Monter à droite la rue Grande, puis à gauche la rue du Grand-Cabaret. Dépasser la fontaine Saint-Roch sur la D 4096, puis monter à droite le chemin du Ribas.

11,9 Bifurcation : laisser à droite le cimetière Saint-Roch, descendre à gauche la piste Joseph-Milési. Après 200 m, s'engager à gauche sur un sentier qui enjambe le gué du Beuvon. Sur l'autre rive, un raidillon conduit à une piste que l'on coupe (habitation à gauche), poursuivre par le sentier en face (balisage succinct).

12,7 La Repentance, bifurcation : emprunter le chemin à gauche filant horizontalement.

13,8 Carrefour de pistes : descendre à gauche. Traverser le canal d'irrigation de Manosque, puis le longer vers la droite pour franchir le pont-canal au lieu-dit de Pont-Bernard. Enfin, on accède à une petite route à monter à droite.

14,5 Dans le deuxième virage, gravir à gauche un sentier ombragé par des pins.

15,6 Village de Ganagobie (mairie à gauche). Traverser la route, puis prendre la piste à droite (en face de la mairie). Après un kilomètre, la piste atteint le plateau de Ganagobie : aller à gauche par un sentier bordé, à gauche, d'un muret. Dans une clairière, on tombe sur une piste blanche (683 m), s'y engager à gauche pour atteindre le…

4h40 17,6 **Prieuré de Ganagobie.** Repartir par la piste blanche, dépasser le parking visiteurs, emprunter la D 30 descendant vers le pont romain de Ganagobie. Le GR coupe les virages en lacets en dévalant des sentiers (balisage).

19,6 Pont romain de Ganagobie (env. 390 m). Franchir l'ouvrage, puis grimper à droite la piste forestière. *Attention : en période de sécheresse et de risque d'incendie, le parcours forestier depuis le pont romain jusqu'à Lurs peut être interdit. Dans ce cas, il ne reste plus qu'à suivre la D 4096 vers le sud, puis à monter à droite vers Lurs (se renseigner au préalable à la mairie de Ganagobie).*

22,0 Laisser un embranchement à droite (NO), monter à gauche (sud sur les premiers mètres) pour atteindre le plateau de la Baume. Après 400 m, on bute sur une piste forestière à suivre à droite (502 m).

22,9 Bifurcation, carrefour de la Baume : prendre à gauche vers l'est, puis plein sud. Aller toujours tout droit, dépasser au final la chapelle N.-D.-de-Vie. Entrer dans Lurs par la promenade des Évêques

6h45 25,0 **Lurs.** Vieux village (550 m).

L'ÉGLISE SAINT-DONAT-LE-BAS

Vers l'an 500, Jean, l'évêque de Sisteron, fit appel à Donat, qui était comme lui originaire d'Orléans, pour évangéliser le pays de Lure… Saint Donat prit l'habitude de se retirer au pied de la colline de la Louvière dans une doline appelée « Couvent des Crottes », afin d'y vivre en ermite. À la mort du saint, la caverne devint sa sépulture. Les bénédictins firent construire une église au-dessus de la cavité dans le courant du XIIe siècle. L'architecture de l'édifice présente un art roman provençal primitif d'une grande beauté. Il s'agit d'une basilique à nef centrale, flanquée de deux collatéraux très étroits. Le sanctuaire fut très fréquenté par les pèlerins durant l'époque médiévale.

LES PÉNITENTS DES MÉES

À l'approche de Peyruis, on peut observer, au-dessus de la rive gauche de la Durance, juste en contre-haut du village des Mées, des rochers étroits qui se dressent sur une hauteur de plus de 100 m. Leur silhouette singulière leur a valu l'appellation de « Pénitents des Mées ». D'après la légende, au temps des invasions sarrasines, des moines de la montagne de Lure se seraient épris de belles jeunes femmes mauresques qu'un seigneur avait ramenées d'une croisade. Afin de punir les religieux lubriques, saint Donat les aurait transformés en pierre. Les rochers font effectivement songer à une procession de moines encapuchonnés…

PEYRUIS

Face à la Durance, le village est dominé par les ruines de l'ancien château fort dont le donjon a été transformé en pigeonnier. La forteresse, édifiée au XIIe siècle, fut agrandie au XVIe siècle avant d'être en partie détruite à la Révolution.

Ganagobie : le cloître

Le long des ruelles du village, en particulier dans la rue du Grand-Cabaret, on remarque des façades anciennes, l'une d'elles exhibe des fenêtres à meneaux du XVe siècle, tandis qu'une autre affiche des ouvertures sous arcs en plein cintre. La place de la République, où trône une fontaine ornée d'un coquetier avec un œuf dur, est délicieusement ombragée par des platanes et s'anime à l'heure des parties de boules ou du pastis.

L'église paroissiale Saint-Roch est surmontée d'un clocher d'allure très provençale. De la construction primitive, qui remonte au XIe siècle, ne subsiste qu'un fragment du bas-côté nord. Le reste de l'édifice fut reconstruit dans la première moitié du XIIe siècle. La nef comprend trois travées, le chœur gothique fut bâti plus tard vers 1500. Des peintures recouvrent les murs avec des effets en trompe-l'œil. Sur le vitrail de l'œil-de-bœuf de la façade occidentale, on remarque saint Roch et l'Agnus Dei. Dans le chœur, le saint est à nouveau présent, il est accompagné cette fois de saint Nicolas.

LE MONASTÈRE BÉNÉDICTIN DE GANAGOBIE

Il surplombe la Durance depuis un étroit plateau en bordure de la voie Domitienne. Après plusieurs siècles d'abandon, l'abbaye revit grâce à la communauté bénédictine de Hautecombe qui, en plus de la prière, fabrique divers cosmétiques dont le célèbre « baume du pèlerin »…

Le monastère fondé au Xe siècle dépendait de l'abbaye de Cluny. Il s'enrichit rapidement en partie grâce aux dons des comtes de Forcalquier. Sa prospérité s'affaiblit à partir du XVe siècle. Les guerres de Religion lui valurent la destruction de la voûte de l'église et du logis prieural. En 1791, Ganagobie est vendu comme bien national, puis détruit en grande partie sous le Directoire en 1794.

À la fin du XIXe siècle, les mosaïques médiévales sont découvertes. En 1922, Ganagobie redevient un prieuré dont la permanence est assurée par les bénédictins de l'abbaye de Hautecombe. Au fil du XXe siècle, grâce à la communauté et aux Monuments historiques, l'église est reconstruite, les mosaïques restaurées, puis remises en place en 1986. Actuellement, près de vingt moines habitent le monastère.

L'église fut construite au début du XIIe siècle sur l'emplacement d'un sanctuaire plus ancien. La nef compte trois travées voûtées en berceau brisé et deux transepts pourvus d'absidioles, autant d'éléments architecturaux qui en font un joyau de l'art roman provençal. De même, le pavement de mosaïques médiévales, exécuté vers 1125, demeure sans équivalent en France. On découvre un taureau, des animaux fantastiques, une lutte de monstres et de cavaliers, et aussi, un saint Georges tuant le dragon. Le portail est surmonté d'archivoltes d'inspiration mozarabe. Le tympan est occupé, au centre, d'un Christ en majesté, dans une mandorle, et encadré du symbole tétramorphe des quatre évangélistes. Sur le linteau s'alignent les douze apôtres. Le cloître roman, dont la construction remonte à la fin du XIIe siècle, est un petit chef-d'œuvre de grâce et de simplicité. Les chapiteaux sont ornés de bâtons brisés, de feuilles stylisées mais également d'animaux ou de masques humains.

❀ LE PONT ROMAIN DE GANAGOBIE

Il fut construit sur le ravin de Buès vers 121-122 ap. J.-C., sous le règne de l'empereur Hadrien, afin d'assurer le passage de la voie Domitienne. Long de 30 m, l'ouvrage compte une seule arche de 7,80 m de portée. Sa hauteur totale est de 10 m et il fait 6 m de large. Le tablier et les parapets ont été maintes fois remaniés au fil des deux millénaires.

❀ LA CHAPELLE NOTRE-DAME-DE-VIE

Bâtie sur une crête de calcaire, elle offre une vue panoramique sur la vallée de la Durance et le pays de Forcalquier. Le chemin des Évêques forme une allée ombragée, bordée de quinze oratoires édifiés, comme la chapelle, dans le courant du XIXe siècle.

❀ LURS

Le village s'accroche sur un éperon verdoyant qui surplombe les champs d'oliviers. Une fois franchie la porte sous le beffroi de l'horloge rehaussé d'un cam-

panile en fer forgé, on découvre un habitat resserré. Les historiens attribuent la fondation de Lurs à Charlemagne, vers l'an 812. Avec plus de certitude, on peut affirmer que les évêques de Sisteron furent charmés par la beauté du site au point d'y construire leur résidence d'été ainsi qu'un séminaire au Xe siècle. Le château, remanié au XIIe siècle, est toujours visible. Dans le domaine judiciaire, le nom de Lurs rappellera forcément aux plus anciens l'affaire Dominici survenue en 1952 en contrebas du village, en bordure de la N 96.
L'église paroissiale de l'Invention de la Croix, avec son clocher-peigne, est une construction du Xe siècle, mais reconstruite en partie au début du XVIe siècle. La chapelle Saint-Michel remonte au XIIe siècle, puis fut remaniée au XVIe siècle.

L'église Saint-Donat

Vue générale de Forcalquier

Lurs

Forcalquier - Mane

Bien peu de kilomètres à parcourir aujourd'hui, ceci en raison du manque d'hébergement après Mane. Après deux semaines de marche, c'est l'occasion de s'accorder un peu de répit, d'autant que les paysages sont splendides et la ville de Forcalquier intéressante à explorer, en chemin, et très agréable pour passer un moment de détente. Les marcheurs en manque de kilomètres pourront même se payer le détour par le site géologique des Mourres, à l'écart de Folcalquier. À l'arrivée, Mane possède également des richesses, à commencer par le prieuré Notre-Dame-de-Salagon. L'architecture romane de l'abbatiale est remarquable, les quatre jardins qui l'entourent offrent une leçon de botanique exemplaire.

⊕ CARTE UTILE

⊕ 3342 OT

🕺 RENSEIGNEMENTS PRATIQUES
✣ FORCALQUIER (04300)

→ OT, 13 place du Bourguet, 04 92 75 10 02, www.forcalquier.com

→ GE La Parise, 18 pl., 13 €/p., pdj 6 €, coin cuisine, accueil équestre, fermé du 15/12 au 31/01, route de Fontienne, 04 92 75 01 50

→ GE Les Chevauchées du Soleil, 12 pl., 13,50 €/p., pdj 5 €, repas 16 €, Les Roches, route de Sigonce, 04 92 75 13 74 ou 06 73 38 84 80, www.chevauchees.com

→ CH et Camping du Bas-Chalus, 8 pl., 50 €/2 p., pdj compris, tarif pèlerin 37 €/p., pdj compris, 12 empl., tente 7,60 €, route de Niozelles, Le Moulin, 09 71 59 15 64, www.baschalus.net

→ Camping Indigo, 130 empl., tente 14 €, restauration, de mi-avril à mi-oct., route de Sigonce, 04 92 75 27 94, www.camping-indigo.com

➜ www.mane-en-provence.com

➜ CH Font Reynière, 1 ch.,
45 €/2 p., pdj compris, coin cuisine,
chemin Font Reynière, 04 92 75 04 85,
www.gites-de-france-04.fr/~G141036.html

➜ CH, Le Jardin des Glycines, 3 ch., 55 €/2 p.,
pdj compris, repas 22 €, panier repas 10 €,
fermé du 31/10 au 01/03, rue de la Bourgade,
04 92 75 13 98, lejardindesglycines.free.fr

Détail de fontaine à Forcalquier

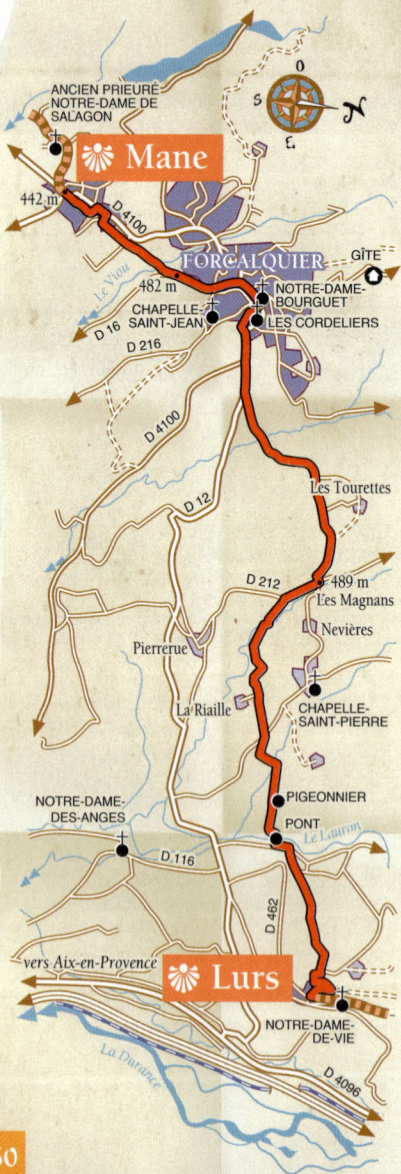

00,0 Lurs (550 m). À partir de l'église, sortir par une porte fortifiée s'ouvrant vers l'ouest. Emprunter la ruelle des Roses-Trémières pour déboucher sur une route à descendre à droite. Au point bas, prendre à gauche, plein ouest, puis à la bifurcation suivante, obliquer à droite, descente.

02,2 Carrefour : le GR nous rejoint par la droite, aller tout droit par une route en sens interdit. On accède à la D 116, à suivre à gauche pendant 150 m, puis tourner à droite pour franchir le pont sur le Lauzon (409 m). Monter en face une piste bitumée qui devient gravillonnée après avoir dépassé un pigeonnier.

03,8 Bifurcation : laisser une piste monter à droite, virer à gauche, plein sud. Depuis Lurs, le paysage est plus verdoyant que dans la vallée de la Durance, présence de beaux chênes par exemple, nous sommes dans le Lubéron.
Après 500 m, couper une route, continuer en face plein ouest. Laisser plusieurs embranchements annexes, on retrouve un mauvais bitume.

05,5 On touche la courbe de la D 212 (arrêt de bus), à gravir à droite. Après 500 m, au niveau des Magnans, patte d'oie (489 m), obliquer tout à gauche.

06,7 Bifurcation : le GR part à droite vers Les Tourettes (gros détours en perspective !), continuer tout droit au SO. Après 800 m, à la bifurcation, descendre à gauche jusqu'à la…

09,3 D 12 à emprunter à droite (larges bas-côtés). À 350 m, giratoire (supermarché), monter à droite (trottoir du côté gauche). Tirer à gauche à travers le parking des Cordeliers. Au fond, s'engager dans une allée ombragée qui bute sur une ruelle à monter à droite pour déboucher à…

2h45 **10,8** **Forcalquier.** Place du Bourguet (env. 550 m).
(Le gîte d'étape se trouve à 2,2 km au nord de la ville, dans le quartier de la Parise, non loin du site des Mourres). Repartir de la place, église N.-D.-de-Provence à gauche, descendre le boulevard Latourette, puis le boulevard Bouche (caserne des pompiers à gauche) et l'avenue des Quatre-Reines. Poursuivre par la D 16 qui fraie son passage entre des rochers.

12,0 Au point bas (482 m), bifurcation : descendre à droite. À une centaine de mètres, se diriger à droite pour traverser le vallon du Viou.

12,8 Carrefour en T : laisser à gauche vers l'auberge Saint-Suffren, prendre en face un sentier parallèle à la D 4100. Couper une piste, continuer en face. Franchir un pont à droite, puis descendre quelques marches en bois afin de poursuivre parallèlement à la D 4100 jusqu'à…

3h30 **13,8** **Mane.** Place au centre du village (442 m).

Ruelle à Forcalquier

LA CHAPELLE N.-D.-DES-ANGES (HORS GR)

Elle se situe au sud-ouest de Lurs, sur le tracé de l'antique Via Domitia. Ce sanctuaire, construit sur l'ancien site gallo-romain d'Alaunium, constitue une étape importante pour les pèlerins médiévaux entre Apt et Sisteron. Déjà dans l'Antiquité, le *mansio* regroupait une auberge, des thermes, un relais de poste, des écuries et un temple où un culte était rendu à la divinité Alaunius, qui pourrait être Mercure. Après la destruction du site par les Barbares au Ve siècle, puis une longue période d'abandon, la première chapelle de Sainte-Marie-d'Aulun fut bâtie au XIIe siècle. Elle devint un lieu de pèlerinage important, notamment pour les jacquets et les roumieux.

LE SITE GÉOLOGIQUE DES MOURRES (HORS CHEMIN)

Situé juste au nord de Forcalquier, il exhibe des rochers calcaires à la base marneuse qui ont été sculptés par l'érosion. En provençal, le mot *mourre* désigne une protubérance, ou un museau… Les blocs, naturellement sculptés, font effectivement songer à des visages difformes ou à des museaux peu engageants.

FORCALQUIER

La butte de Forcalquier formait l'oppidum gallo-romain de Forum Calcarium, une place stratégique dans l'Antiquité, pourtant à l'écart de la Via Domitia. La fondation de la ville remonte au VIIe siècle, mais ce n'est qu'au IXe siècle qu'elle se dota d'une forteresse qui lui permit de devenir un petit État indépendant, y compris lorsqu'elle se lia par mariage aux comtes de Provence. La ville connut son apogée au XIIIe siècle

61

sous Raymond Bérenger IV. Ce comte de Provence parvint à marier ses quatre filles à des rois : l'aînée, Marguerite, épousa le roi de France Louis IX (Saint-Louis) ; la seconde, Éléonore, le roi d'Angleterre Henri III ; la troisième, Sancie, devint l'épouse du frère d'Henri III, Richard de Cornouailles, qui porta, peu de temps, le titre de roi des Romains. Quant à la benjamine, Béatrice, c'est son mariage avec le frère de Louis IX, Charles d'Anjou, roi de Naples et de Sicile, qui lui valut le titre de reine. Forcalquier entre dans une période troublée avec les guerres de Religion. En 1601, Henri IV fit raser le château, première cause de déclin pour la ville. Trente ans plus tard, Forcalquier perdit une partie de sa population durant une épidémie de peste, ce qui affaiblit plus sûrement encore la cité.

☙ EN MUSARDANT DANS LA VILLE...

La citadelle en ruine coiffe toujours la colline au-dessus de la ville. Le château des comtes de Forcalquier s'élevait autrefois à cet endroit. La chapelle Notre-Dame-de-Provence, construite vers 1870 dans le style romano-byzantin, occupe elle aussi cette position dominante à l'emplacement de l'ancien château. La porte des Cordeliers et la porte de la Citadelle, édifiées respectivement aux XIIIe et XIVe siècles, constituent les seuls vestiges des six portes fortifiées que comptait la ville. De la forteresse médiévale, appelée citadelle, ne subsiste qu'une tour abritant deux salles voûtées.

- L'église Notre-Dame-de-l'Assomption correspond à l'ancienne concathédrale Notre-Dame-du-Bourguet, érigée au XIIe siècle. (Le terme « concathédrale » ou « co-cathédrale » désigne un sanctuaire qui partageait le siège épiscopal avec l'évêché, le plus souvent en raison de discordes – dans le cas présent avec l'évêché de Sisteron.) L'édifice actuel conserve la nef romane, une travée de chœur du XIIIe siècle. Les absidioles, bâties à la même époque en style gothique de l'Île-de-France, représentent des spécimens assez rares en Provence. Le campanile fut élevé au XVIe siècle.

- Le couvent des Cordeliers fut fondé vers 1236 par l'une des premières communautés franciscaines venues s'implanter en Provence. Prospère au Moyen Âge, son déclin s'amorça avec les guerres de Religion. À la Révolution, les bâtiments furent vendus comme bien national. Quelques salles conventuelles et une chapelle dotée d'une crypte subsistent autour du cloître gothique.

- Le couvent des Visitandines, reconverti pendant un temps en collège, comprend encore un cloître datant de 1634 et la chapelle Saint-Ange, ornée d'une façade classique de 1687.

- Le vieux cœur de ville compte de nombreux bâtiments vieux de plusieurs siècles. Les demeures les plus anciennes remontent au XIVe siècle, les hôtels particuliers d'Autane et d'Arnaud datent du XVIe siècle, de même que la fontaine Saint-Michel aménagée en 1512.

☙ MANE

Fondée sous l'Empire romain, elle se développa au Moyen Âge et exhiba sa fierté en construisant au XIIe siècle une citadelle. Au cœur du village se dresse la façade baroque de l'église Saint-André, bâtie aux XVe et XVIIe siècles en belles pierres de Mane provenant des carrières voisines. Les deux portes monumentales de l'édifice affichent une certaine exubérance. La même pierre a été utilisée pour la construction de toutes les habitations, ce qui confère au village une splendide unité. L'hôtel particulier Miravail, dans la rue Haute, est remarquablement élégant. La chapelle des Pénitents, édifiée au XIIIe siècle, est le plus ancien sanctuaire de Mane si on fait exception du prieuré de Salagon, distant d'à peine un kilomètre du village.

☙ LE PRIEURÉ NOTRE-DAME-DE-SALAGON

Il fut élevé au-dessus d'un ensemble de ruines romaines, mais nous ignorons la date exacte de sa fondation. L'ancienne abbaye bénédictine de Saint-André-de-Villeneuve-lès-Avignon, dont il dépendait, mentionne l'existence du prieuré dans un document de 1105. L'église date en effet du XIIe siècle, mais le logis prieural ne remonte qu'au XVe siècle. Aujourd'hui, l'ancien prieuré abrite le Conservatoire ethnologique de Haute-Provence ; il compte également quatre jardins : *le jardin médiéval* comprenant trois cents espèces végétales ; *le jardin des senteurs* où poussent les plantes aromatiques ; *le jardin des Temps modernes* montrant l'acclimatation des plantes venues des cinq continents et un système d'irrigation complexe ; enfin, *le jardin des simples* présentant les plantes utilisées traditionnellement pour un usage médicinal en Haute-Provence.

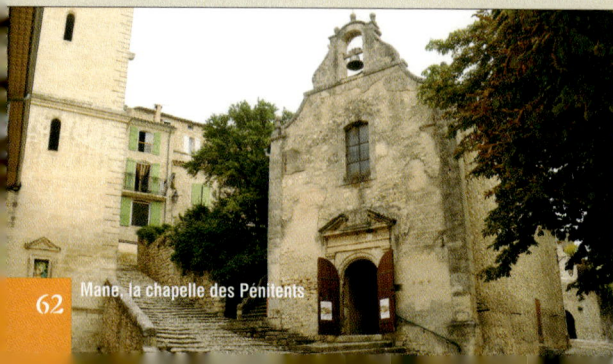

Mane, la chapelle des Pénitents

Scène de rue à saint-Michel-l'Observatoire

Mane

Reillanne

oici une étape encore bien légère en termes de kilométrage. À croire que nous avons pris en compte « le temps pour la sieste » dans le découpage de nos étapes. En période estivale ou caniculaire, ce moment de repos, passé à l'ombre des platanes, des pins ou des oliviers n'est pas un luxe, mais une nécessité. Aujourd'hui encore, le parcours varié traverse des paysages superbes, embaumant la lavande à l'époque de la floraison ou encore les figues et les herbes aromatiques. Il est aussi jalonné de villages où il fait bon musarder un peu dans les ruelles et sur les placettes. En chemin, la tour de Porchères évoque le Moyen Âge, tandis que le gué du Reculon, enfoui sous la végétation, à l'instar des vieux pavages, nous renvoie à notre fil conducteur, la Via Domitia.

🌐 CARTE UTILE

🌐 3342 OT

🏃 RENSEIGNEMENTS PRATIQUES

❖ SAINT-MICHEL-L'OBSERVATOIRE (04870)

→ SI, château d'Agoult, place de la Fontaine, 04 92 76 69 09, www.saintmichellobservatoire.com, www.villagedelastronomie.fr

→ CH du Serre, 3 ch., 50 €/1 ou 2 p., pdj compris, tarif pèlerin 15 €/p. en été sur résa, du 01/04 au 31/10, place du Serre, 04 92 76 65 20

→ CH La Maisonestello, 5 pl., de 50 à 115 €/2 à 5 p., pdj compris, quartier Lagarenne, 04 92 76 57 36 ou 06 32 57 68 91, www.maisonestello.free.fr

→ HR L'Observatoire, 20 pl. en 5 ch. et 1 appart., de 49 à 107 €/1 à 4 p., pdj 6,50 €, repas 17 €, plats à emporter, place de la Fontaine, 04 92 76 63 62, www.hotel-restaurant-lobservatoire.fr

00,0 Mane. De la place au centre du village (442 m), descendre la grand-rue, poursuivre par la D 4100. Après 200 m, obliquer à droite (D 13) vers le…

00,6 Prieuré de Salagon. Repartir en traversant le parking visiteur avant d'emprunter la petite D 13 à gauche. À 200 m, quitter la D 13 au niveau de l'embase d'un calvaire pour dévaler à gauche un sentier rocailleux. Au point bas, on accède à une piste : la suivre à gauche.

01,8 On retrouve la D 4100 : l'utiliser à droite pour franchir le pont sur la Laye (à cet endroit, nous avons perdu les marques du GR). Après le pont, rester encore un peu sur la D 4100 en laissant un hôtel à droite.

02,4 Quitter la D 4100 pour monter à droite le chemin des Treilles vers le centre équestre. À 300 m, laisser à droite le chemin des Craux et, plus loin, un centre équestre, fin du goudron. Passer un petit pont, la piste grimpe, ponctuée de chênes verts (le GR nous rattrape).

03,5 Au point haut, carrefour : prendre à gauche, plein sud. Couper une piste, aller en face. À la bifurcation suivante, monter légèrement à droite. Croiser à nouveau une piste, continuer tout droit. Au carrefour en T : obliquer à gauche.

vers Apt

D 4100

vers Manosque

🐚 **Reillanne**

D 14

D 4100

NOTRE-DAME

Le Largue

Les Grands Jas

D 205

Lincel

GUÉ DU RECULON

D 105

486 m

550 m
Carcadis

CHAPELLE
SAINT-PAUL

Les Craux

**Saint-Michel-
l'Observatoire**

D 5

D 305

vers Observatoire de
Haute-Provence

TOUR DE
PORCHÈRES

Les Craux

D 5

La Laye

vers Manosque

ANCIEN PRIEURÉ
NOTRE-DAME DE
SALAGON

D 13

D 13

442 m

🌼 **Mane**

D 4100

Le Viou

D 16

482 m

D 216

FORCALQUIER

vers Oraison

D 4100

1h15 **04,7** **La tour de Porchères** (498 m) se dresse à droite de la piste ; virer à droite tout de suite après. Puis encore à droite, 100 m plus loin. Après 300 m, pivoter cette fois à gauche. Lorsqu'une piste nous rejoint par la gauche, aller tout droit pendant 50 m, puis tirer à gauche sur un sentier rocailleux en descente.

05,6 On bute sur un chemin blanc, à emprunter à droite. Lorsqu'il devient goudronné, accomplir encore 200 m, puis descendre une piste à gauche, s'orienter à droite dans la montée, longer le cimetière avant d'atteindre au point haut…

2h00 **07,5** **Saint-Michel-l'Observatoire.** La place du Serre (560 m) est pourvue de bars, heureuse initiative, après la rude montée !

Dos à l'église, depuis la place, descendre la rue Saunerie en direction de Lincel. Au calvaire, obliquer à droite par la D 105. Au lieu-dit Carcadis (550 m), prendre à gauche (vers le gué du Reculon). Quitter la D 105 : aller pour laisser à main gauche la chapelle Saint-Paul. Le bitume cède la place à une piste gravillonnée.

09,8 Contourner par la gauche la ferme des Craux. Au final, on parvient sur la D 4100 (486 m), à suivre à droite (bas-côté de gauche). Après 400 m, s'écarter de la D 4100 en s'engageant à gauche sur un sentier filant sous les arbres.

11,4 Le gué du Reculon. Franchir le gué, remonter en face par une sente peu marquée, bordée à droite par une haie. On sent la présence du pavage de la Via Domitia sous la végétation, ce qui nous fait dire : « Sous les herbes, les pavés », clin d'œil à un célèbre slogan de Mai 68 !

Au point haut, on retrouve la D 4100, la traverser pour monter en face (nord) la D 105 pendant 300 m. À la bifurcation, emprunter à gauche la D 205. Le GR utilise des raccourcis pour éviter les détours de la route et arrive dans le village de…

3h20 **13,2** **Lincel.** Ressortir plein sud par la D 205, à suivre sur une centaine de mètres. Lorsque la route vire à gauche, sortir à droite par un chemin. Au niveau de la ferme des Grands-Jas (535 m), obliquer à gauche et descendre jusqu'à la D 4100.

14,3 Longer à droite le sentier parallèle à la chaussée. Après le pont sur le Largue, suivre un chemin à droite sur 50 m, puis grimper à gauche par un sentier vers l'ouest.

16,4 Le sentier se prolonge par une piste (ouest) qui, au final, débouche sur la D 14, à emprunter à droite jusqu'à…

4h45 **18,6** **Reillanne.** Office du tourisme en contre-haut de la place de la Libération (555 m).

LA LAVANDE

On ne peut pas arpenter les chemins du Sud-Est de la France sans croiser un jour les champs de lavande. Les abords de Forcalquier abondent des senteurs de la petite plante bleue à l'approche de la saison estivale. La lavande pousse naturellement sur les pentes arides et rocailleuses de la Provence dont elle raffole, à l'instar des autres plantes aromatiques, comme le thym, la sarriette, la sauge ou le romarin. Très recherchée par les abeilles, la lavande a séduit les hommes dès l'Antiquité, car elle était utilisée pour conserver le linge et parfumer les bains. En Provence, la lavande entra dans la fabrication des parfums et la confection des médicaments dès le Moyen Âge. Sa culture à des fins industrielles ne se développa qu'à partir du XIX\ siècle lorsque les parfumeries de Grasse maîtrisèrent l'extraction de l'huile essentielle, grâce à la distillation. Les champs de lavande exhibent un vert tendre au printemps. La floraison, riche en pastels mauves et bleus, débute en juin et peut se prolonger jusqu'à fin août, suivant les terroirs et les expositions, l'altitude et la situation géographique. Après la récolte, les fleurs de lavande affichent une teinte gris bleuté qu'elles garderont tout l'hiver. (Au terme de la 16e étape, vous pourrez en apprendre plus sur la lavande au musée de la Lavande, route de Gordes 84220 Coustellet, tél. : 04 90 76 91 23).

LA TOUR DE PORCHÈRES

Construite à la fin du XIIe siècle, elle est fort bien conservée. On remarque en particulier la superbe porte en arc brisé entourée de claveaux à l'appareillage parfait. Les ouvertures

Clocheton à Saint-Michel-l'Observatoire

SAINT-MICHEL-L'OBSERVATOIRE

Le territoire de la commune, qui comptait dans l'Antiquité sept oppidums, se situait sur le tracé de la Via Domitia. On a même retrouvé les traces d'un aqueduc. Au Moyen Âge, le bourg fortifié était connu sous le nom de Castrum Saint-Michaelis. L'église Saint-Michel fut érigée au début du XIIe siècle. Elle conserve des éléments de cette période dont un chapiteau en marbre reconverti en bénitier, sur lequel sont sculptés des monstres figurant les passions humaines. L'édifice jouxtait alors un prieuré dépendant de l'abbaye bénédictine de Saint-André-de-Villeneuve-lès-Avignon, lequel donnait l'hospitalité aux voyageurs et aux pèlerins. L'église Saint-Pierre est de style roman, mais a subi de multiples remaniements au cours de l'histoire.

Au sud de la commune, à la lisière de la D 4100 (ancienne Via Domitia), s'élevait la chapelle Saint-Syméon, mentionnée également dans la bulle du pape Adrien IV. Il ne subsiste de l'édifice que la nef et l'abside en cul-de-four, lesquelles sont en partie en ruine et envahies par la végétation. L'ancien prieuré d'Ardène (hors chemin et situé en bordure de la D 4100), fondé en 1209, accueillait les pèlerins de passage.

LE GUÉ ROMAIN DU RECULON

Il permettait de franchir un cours d'eau peu profond. Rares sont les ouvrages de ce type qui ont survécu à deux millénaires. En fait, celui-ci fut restauré au XVIIIe siècle. Long de 25 m et large de 6 m, le gué compte une trentaine de blocs de calcaire parfaitement appareillés les uns avec les autres. Il enjambe le lit du cours d'eau en diagonale, car les Romains avaient découvert qu'en la bâtissant ainsi, la construction supportait mieux les crues, et qu'en étalant le lit, la profondeur de l'eau diminuait aussi, rendant le passage plus aisé.

REILLANNE

Située en bordure de la voie Domitienne, la cité a vu passer de nombreux voyageurs en route vers l'Espagne ou l'Italie, et forcément parmi eux des pèlerins se rendant à Compostelle ou à Rome. Malgré cela, il n'a été trouvé aucune trace témoignant de leur passage. En revanche, l'église paroissiale conserve un devant d'autel révélant qu'il existait un culte dédié à saint Jacques et à saint Martin. Une niche incluse dans l'autel abritait des reliques avec des ouvertures qui permettaient aux pèlerins de les toucher.

pratiquées dans les murailles sont minuscules. La partie basse faisait office de chapelle, mais la grande hauteur de l'édifice laisse supposer qu'il s'agissait d'une tour de guet, d'autant qu'elle s'élève sur un point haut du plateau. Les historiens locaux pensent plutôt à une grange médiévale en raison de l'appellation « Porchère ». En effet, l'élevage des porcs était très important en Haute-Provence durant l'époque médiévale. Ils en ont déduit que la tour servait à conserver la nourriture des porcins. De nombreux enclos et un village s'étaient développés autour du monument.

Saint-Michel-l'Observatoire, la chapelle Saint-Paul

Apt, toits et coupole

Reillanne

Apt

 ette journée sera assez longue, mais surtout riche en découvertes. Nous allons emprunter des petites routes, des pistes, des sentiers et même une portion de Vélo-Route. Cette diversité nous fera paraître l'étape plus courte et certainement moins fatigante que lorsque nous crapahutions sur les sentes alpestres à forts dénivelés. Côté patrimoine, nous serons comblés. Tout commence avec le prieuré de Carluc dont l'architecture romane surgit soudain au milieu d'un cadre verdoyant. Avant d'entrer dans Céreste, nous franchissons le pont roman sur l'Encrême. Le village ancien de Céreste révèle un lacis de ruelles médiévales où il fait bon déambuler à l'ombre des façades.

Le Vélo-Route, déconcertant pour les uns, reposant pour les autres, nous achemine rapidement au pied du promontoire de Saignon. La beauté du village vaut l'effort d'une montée un peu raide. L'arrivée à Apt s'accomplit au terme d'une belle descente. La ville nous réserve encore des surprises pour les yeux et les terrasses de café ombragées, des plaisirs pour nos gosiers desséchés par cette longue journée.

⊕ CARTES UTILES

⊕ 3342 OT
⊕ 3242 OT

👫 RENSEIGNEMENTS PRATIQUES

✤ **CÉRESTE (04280)**

→ OT, place de la République, 04 92 79 09 84, www.cereste.fr

- Monastère du Saint-Sacrement, Notre-Dame d'Emmaüs, 04 92 79 04 41, www.catho04.cef.fr/decouvrir/vierelig/ sacramentines-cereste/sacramentines-1.htm
- GE communal, 25 pl., 15 €/p., tarif pèlerin 10 €/p., coin cuisine, rue du Bicentenaire, OT, 04 92 79 04 84, www.cereste.fr
- GE Les Souliers Magiques, 6 pl., 15 €/p., pdj 5 €, repas 15 €, 1/2 pension 35 €/p., coin cuisine, 12 bd Jean Jaurès, 04 92 79 06 52
- GE et CH La Florentine, 15 pl., dont 8 en gîte, 15 €/p., pdj 5 € ; 7 pl. en ch., de 40 à 84 €/1 à 3 p., pdj compris, repas 18 €, panier repas 8 €, route de Vitrolles, 04 92 79 05 64 ou 06 70 73 70 67, www.laflorentine.fr
- HR L'Aiguebelle, 12 ch., de 36 à 68 €/2 à 3 p., pdj 7 €, 1/2 pension 69 €/p., ch. pèlerin 12 €/p., fermé de mi-nov. à mi-fev., place de la République, 04 92 79 00 91, www.hotel-luberon-aiguebelle.com
- Camping du Bois de Sibourg, 25 empl., tente 6,50 €/p., du 15/04 au 15/10, 04 92 79 02 22 ou 06 30 88 63 29, www.gites-de-france-04.fr/~G148020.html

❖ SAIGNON (84400)

- www.saignon.pagesperso-orange.fr/ nouvellepage15.htm
- Ch. chez l'habitant, 3 pl., de 22 à 33 €/1 à 2 p., rue de la Courtine, 04 90 74 41 53
- CH La Maison de la Place, 8 pl., 55 €/2 p., pdj compris, 04 90 76 03 32

❖ APT (84400)

- OT, 20 av Philippe-Girard, 04 90 74 03 18, www.ot-apt.fr
- Centre hébergement communal La Maison de la Boucheyronne, 40 pl., 15 €/p., pdj 3,50 €, 1/2 pension 25 €/p., coin cuisine, le Plan d'Eau, 04 90 04 77 66, www.ot-apt.fr/hebergement/boucheyr.htm
- H Le Palais, 11 ch., de 40 à 64 €/1 à 3 p., pdj 6,50 €, 1/2 pension + 20 €/p., fermé du 15/11 au 15/03, 24 bis place Gabriel-Péri, 04 90 04 89 32, www.hotelrestaurantdupalais.com
- CH, 2 pl., 42 €/2 p., pdj 4 €, 72 bd. Maréchal-Joffre, 04 90 74 31 78
- CH L'Ancien Couvent, 1 ch., 50 €/2 p., pdj compris, 24 rue Estienne-d'Orves, 04 90 04 62 17
- Camping Les Cèdres, 75 empl., tente 9 €, du 15/02 au 15/11, av. de Viton, 04 90 74 14 61, www.camping-les-cedres.com

00,0 Reillanne (555 m). De l'OT, remonter le cours jusqu'au carrefour où l'on oblique à droite par le bd Saint-Joseph vers Banon. À 100 m, tourner à gauche par le bd Jean-Jaurès vers Pierrefeu et Carluc. Filer O-NO sur une petite route très calme.

02,4 Lorsque la route vire à droite (nord), descendre à gauche une piste forestière. Au point bas, tirer tout à droite par un chemin caillouteux au SO. On bute sur une piste, à suivre à gauche (plein sud) dans le ravin de Carluc.

05,6 Prieuré de Carluc (457 m), à laisser à droite. Grimper un raidillon sur 30 m, on touche une route à monter à droite. Après 400 m, fourche : obliquer à gauche.

06,8 Au carrefour Bel-Air (422 m), quitter le bitume pour descendre sous les feuillages une piste allant plein sud. Après un kilomètre, carrefour : aller à droite en laissant à droite une ancienne gare.

08,6 Bifurquer à gauche pour franchir le pont roman sur l'Encrème. À moins de 200 m, pivoter à droite (371 m) vers le centre de…

2h20 09,1 Céreste. Place de la République, OT. Remonter le cours Aristide-Briand ; au carrefour, place Vigouroux, prendre à gauche la D 31 vers Vitrolles sur 50 m. Suivre aussitôt à droite l'itinéraire cycliste vers Apt. Au calvaire, grimper à droite.

10,4 Au niveau du panneau de sortie de Céreste, s'engager à gauche sur un sentier caillouteux. Au point bas, obliquer à droite.

11,4 À la bifurcation des Capucins : virer à droite. Couper la petite route d'Embarbe, continuer en face au SO, puis plein sud.

13,1 On parvient au coude d'une route (337 m), la suivre à droite. Laisser à gauche vers Le Défens, dépasser Les Guis, puis la ferme la Tuilière entourée de champs de melons.

15,2 Bifurcation (348 m) : monter à gauche vers Glorivette. Traverser le hameau, continuer encore pendant 600 m.

16,9 Dans un virage à droite, quitter le bitume pour suivre un chemin vers l'ouest, bordé à gauche par la forêt, à droite par le vignoble. Laisser divers embranchements à gauche, au final la piste vire au nord pour déboucher sur la D 223, à longer à gauche. Laisser à droite le camping à la ferme *Les Gaudins*.

19,2 Bifurcation : descendre à droite, dépasser le hameau des Gaudins, puis emprunter une piste entre les vignes. Aux Rioux-des-Planes, on accède à une route, à suivre à droite. Au point bas, franchir un pont, dépasser une fontaine à gauche.

20,2 Juste avant d'atteindre la D 900, emprunter à gauche la piste cyclable (ancienne voie ferrée Forcalquier/Apt) vers Apt.

5h45 **22,5** La piste coupe la **D 900.** Dépasser Les Fringants (264 m).

24,8 Au niveau de Carlet, où se dresse une ancienne maison de garde-barrière, quitter la piste cyclable, s'orienter à gauche et passer sous la D 900. Monter en face le chemin au milieu des vergers. Obliquer à droite, puis à gauche, et de nouveau à

La nécropole de Carluc

Pont à Céreste

droite. Le parcours zigzague beaucoup, mais le balisage est précis. Au final, le sentier file à droite en longeant un mur, puis se prolonge par un chemin qui bute sur…

25,6 Une petite route, à emprunter à droite (ouest). Après 650 m, bifurcation : prendre à gauche la D 174.

26,6 Bifurcation (405 m) : quitter la D 174 pour suivre à gauche la route de l'ancienne abbaye Sainte-Eusèbe pendant 100 m. Dans le virage à gauche, s'engager en face sur une piste qui rejoint le village.

7h15 27,7 Saignon (env. 500 m), cœur du village, place de la Fontaine. Tirer à droite vers la place de l'Horloge, puis la rue du Quai, descendre à droite la D 174 jusqu'au premier virage, dévaler à gauche un sentier vers le NO.

28,6 Hameau de Ginestière, carrefour : aller tout droit pendant 60 m, puis s'engager à droite sur un sentier horizontal, puis en descente. On retrouve le bitume avec le chemin de l'Auriane.

29,7 On parvient à la D 48, à prendre à droite vers Apt. L'avenue de Saignon aboutit au rond-point de Lauze-de-Perret. Passer la porte de Saignon qui se prolonge par la rue Saint-Pierre.

8h10 31,2 Apt. Place de la cathédrale Sainte-Anne (env. 250 m).

LE PRIEURÉ DE CARLUC

C'était déjà un lieu de culte du temps des druides. Christianisé au Ve siècle, un prieuré y fut édifié au début du XIe siècle, à l'initiative d'Archinric, un abbé de Montmajour qui y fut enterré vers 1021. Aussitôt, son tombeau devint l'objet de vénération. Les fidèles se pressèrent en masse durant tout le Moyen Âge, y compris les pèlerins de passage. C'est pourquoi l'abbaye Saint-Pierre de Carluc fut agrandie au XIIIe siècle. Elle prospéra jusqu'aux guerres de Religion qui amorcèrent son déclin. Plus tard, les épidémies et enfin la Révolution signèrent sa fin et son abandon. La chapelle romane demeure en bon état. On peut admirer sa belle abside pentagonale et, à l'extérieur, sur les travées du chœur, les colonnes aux chapiteaux sculptés exhibant des oiseaux et des monstres. La galerie funéraire, en partie creusée dans le roc, abrite des tombes qui furent taillées dans la roche dès la fondation du monastère. Cette nécropole ajoute du mystère à ce site hors du temps.

CÉRESTE

Ce fut un oppidum celtoligure avant l'arrivée des Romains. Ceux-ci, lors de la construction de la Via Domitia, établirent sur le site le relais de Catuiacia, à l'origine du nom de Céreste. Le *vicus* se développa grâce à la voie romaine sur laquelle circulaient des marchands et, plus tard, des pèlerins. Ces derniers affluèrent en plus grand nombre encore lorsque fut édifiée l'abbaye de Carluc. Les ruelles médiévales, caladées, sont bordées de demeures des XVe et

XVIIIe siècles. L'église Saint-Michel, du XVIIIe siècle, est dominée par un élégant campanile provençal.

SAIGNON

Village haut perché, il se blottit au pied d'un rocher où se dressaient des forteresses au Moyen Âge et dont il ne subsiste aucune trace. L'existence du bourg, bien plus ancienne, remonte au moins à l'Antiquité, si ce n'est au Paléolithique. Il surplombe Sisteron et la vallée du Calavon, et servait dans les temps les plus anciens de lieu de guet. Au centre du village, l'église paroissiale Notre-Dame-de-la-Pitié, de style roman, fut construite au XIIe siècle. Sur la façade, on découvre une série d'arcades en plein cintre, rehaussées de niches géminées. Sa nef compte trois travées et des chapelles latérales. Ce sanctuaire fut très vénéré et particulièrement fréquenté par les pèlerins se rendant à Rome ou à Compostelle, car il abritait un reliquaire de la sainte Croix.

L'ABBAYE SAINT-EUSÈBE

(hors chemin et ne se visite pas)
Elle aurait été fondée au VIIIe siècle par saint Martian, puis placée sous la protection de l'évêque d'Apt. Détruite par les invasions barbares, elle est reconstruite en 1004 par Robert et Varacon, les seigneurs de Saignon. En 1032, elle est rattachée à l'ordre de Saint-Gilles en Languedoc. Odilon, l'abbé de Cluny, y installe des moines qui suivent la règle bénédictine. Le 5 août 1096, l'abbatiale est consacrée par le pape Urbain II en chemin pour Rome, alors qu'il convient de tenir un concile à Clermont (Auvergne) pour prêcher la croisade. L'abbaye Saint-Eusèbe prospère et fonde de nombreux prieurés dans la région. Elle se maintiendra jusqu'à la Révolution où elle est vendue comme bien

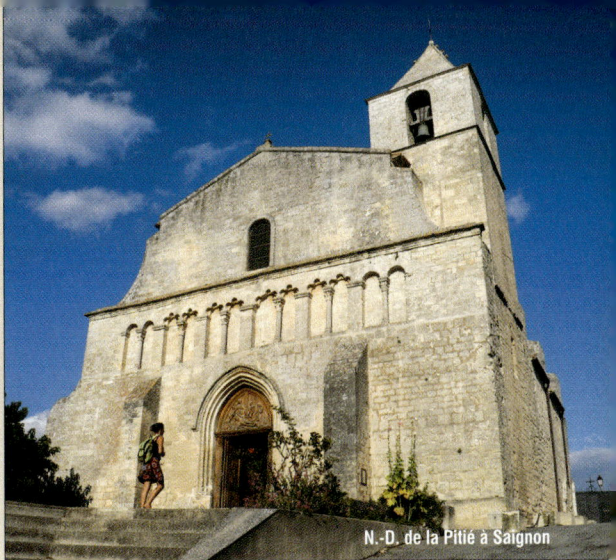
N.-D. de la Pitié à Saignon

national. C'est aujourd'hui une propriété privée.

APT

L'antique Apta, située en bordure de la Via Domitia, devint commercialement et stratégiquement importante dès l'Empire romain. Au nom d'Apta d'origine fut ajoutée l'appellation « Julia » pour honorer Jules César qui aurait séjourné dans cette station de la Via Domitia en revenant d'une campagne militaire opérée en Espagne. La cité romaine connut son apogée au cours du IIe siècle ap. J.-C. Elle comptait alors un forum, un arc de Triomphe, un Capitole, de nombreux temples, un théâtre et des thermes que des fouilles ont permis de localiser sous l'actuelle sous-préfecture. Aujourd'hui encore, le réseau des rues et des ruelles de la vieille ville forme un quadrillage rappelant le *castrum* originel. Sur les vestiges du forum antique fut érigée, en 1050, la cathédrale Sainte-Anne qui connut de multiples remaniements au cours des siècles ultérieurs. La crypte de l'édifice héberge le voile de sainte Anne, la mère de la Vierge Marie – un morceau d'étoffe qui aurait été rapporté de Damiette, en Égypte, par les croisés. Vénérée

de tout temps, cette relique attirait pèlerins et dévots, et particulièrement les femmes ne parvenant pas à enfanter. La plus célèbre d'entre elles fut Anne d'Autriche, la mère du futur Louis XIV, qui vint en pèlerinage en 1660. Dès le Haut Moyen Âge, Apt s'était dotée de fortifications. Celles-ci furent remplacées au XIVe siècle par un dispositif bien plus important, comprenant vingt-sept tours, qui abritaient chacune une compagnie de huit arbalétriers, et six portes. Apt constituait une ville close. De ces fortifications, il ne subsiste que la tour de l'Hôpital et la porte de Saignon.

Fontaine à Saignon

73

Le pont Julien

Apt

Coustellet

Vélo-Route et pistes blanches amorcent le programme de cette étape. À ce rythme, nous sommes vite rendus au pont Julien, ouvrage majeur de la Via Domitia, resté intact après deux mille ans de crues et de passages (les camions le franchissaient encore, il y a moins de dix ans !). Cette prouesse du génie civil romain nous laissera du temps pour la méditation tout au long des kilomètres restant à accomplir. Les pistes rectilignes portent le nom évocateur de « chemin des Romieux ». Autant dire que nous marchons sur les traces de ceux qui nous ont précédés durant des siècles, voire des millénaires. La vallée s'élargit, le relief s'aplanit, vergers et vignes recouvrent les champs alentour. À Coustellet, nous trouvons un gîte d'étape fort sympathique en bordure du GR.

👫 RENSEIGNEMENTS PRATIQUES

❖ **COUSTELLET (84220)**

→ GE Relais du Luberon, 25 pl.,
6 ch. de 48 à 106 €/1 à 4 p.,
et 1 dortoir de 24 à 28 €/p.,
pdj compris, repas de 15 à 17 €,
panier repas 8 €, coin cuisine 3 €,
360 quai des Entreprises-Coustellet,
04 90 71 27 89 ou 06 70 37 51 22,
www.relaisluberon.com

→ CH Mémoires de Provence,
4 ch., de 70 à 100 €/2 p.,
pdj compris, 536 chemin du Sarret,
04 90 75 03 95 ou 06 66 99 98 02,
www.memoiresdeprovence.com

00,0 Apt. De la place de la cathédrale Sainte-Anne (250 m), emprunter la rue de la République, traverser la D 900 pour franchir la passerelle du Lubéron sur le Calavon. Monter en face vers la place du Faubourg-du-Balet, à contourner par la droite, puis grimper le chemin de l'Oratoire. Passer sous le tunnel, obliquer à gauche pour atteindre…

00,4 Le Vélo-Route du Calavon, à emprunter à droite vers Beaumettes.

03,7 Prendre à gauche une route, ne pas continuer à droite sur le Vélo-Route, mais suivre la route vers Bosque. Ignorer à droite deux embranchements vers des lotissements. Dans la descente, quitter le bitume pour monter à droite un sentier pierreux dont l'accès est fermé par des blocs de pierre : il file SO, parallèle à une ligne électrique.

05,5 On accède à une piste blanche, à utiliser à gauche sur 30 m. Bifurquer à droite par un chemin laissant à gauche une station d'épuration.
Dépasser un terrain de jeux à l'abandon (mini-golf, piste VTT). Après avoir dépassé le bâtiment à droite, suivre une allée sur quelques mètres, gravir enfin, à gauche, un sentier sous les arbres. L'orientation est toujours SO, parallèle à la ligne électrique.

07,1 On débouche sur une large piste qu'on emprunte à droite. À 150 m, on touche une route (à droite : Le Ménage), à descendre à gauche.

07,5 Carrefour : le GR part à gauche vers Roquefure et Pont-Julien (parcours confus). Il est plus simple de regagner en face le Vélo-Route vers le SO.

2h20 09,6 Pont-Julien (on retrouve le GR ; 173 m). Le Vélo-Route passe sous la D 149 : remonter à droite, puis virer à gauche pour franchir l'ouvrage. Juste à sa sortie, obliquer à droite par le chemin Romieux. Après 400 m, on peut continuer tout droit, alors que le GR part à gauche par un chemin de terre – boueux par

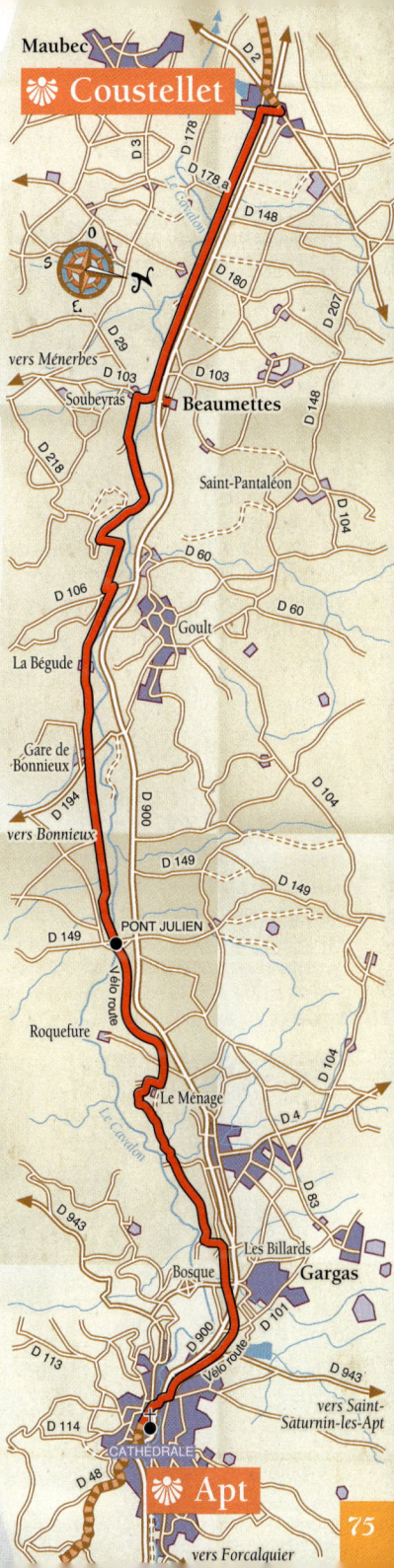

temps de pluie –, pour suivre ensuite une piste parallèle au chemin Romieux.

12,5 Gare de Bonnieux. Couper une route, aller tout droit. Dépasser la Bégude par le chemin des Cornes. Vignes et lavandes jalonnent notre parcours.

15,3 On bute sur la D 106 : faire quelques mètres à gauche, puis filer à droite par la D 218 de concert avec le GR retrouvé. Après 700 m, virer à gauche avec le bitume en laissant une piste sans issue droit devant.

16,4 Quitter la route dans un virage à gauche pour emprunter, à droite, une piste contournant l'habitation d'un artisan de cadrans solaires. Nous longeons le pied d'une colline s'élevant à gauche, le Calavon est à notre droite.

19,5 On arrive sur une petite route, à suivre à droite. Sur la rive opposée du Calavon, on observe des habitations troglodytes. Au stop (Soubeyras), emprunter à droite la D 29 afin de franchir un pont sur le Calavon. Dans le virage, on peut utiliser le souterrain sous la D 900 pour atteindre le village de…

5h30 **21,6** **Beaumettes.** Pour repartir, repasser par le souterrain sous la D 900, puis bifurque à droite par la D 29. Après 400 m, quitter la D 29 qui s'en va à droite, suivre tout droit une petite route paisible, parallèle à la D 900. Bientôt le bitume cède la place à une piste de terre.

24,9 On rencontre la D 178a qui va tourner à gauche au bout de 100 m : continuer tout droit par la piste, toujours parallèle à D 900. Après 1 200 m, on retrouve le goudron qui traverse la zone industrielle de Coustellet. Obliquer à droite par la D 2, couper la D 900, nous sommes à…

7h00 **27,1 Coustellet** (105 m).

L'OPPIDUM PRÉ-ROMAIN DE ROQUEFURE

Il dominait les gorges du Calavon. Le site devint une place forte au Moyen Âge, occupée par un *castrum* fortifié, où les évêques d'Apt venaient trouver refuge. La forteresse fut dévastée à la fin du XIVᵉ siècle et devint un repaire de brigands par la suite.

LE PONT JULIEN

Jeté sur le Calavon, il aurait été édifié en l'an III av. J.-C. Il demeure l'unique ouvrage romain ayant résisté aux assauts du torrent capricieux, très redouté pour ses crues dévastatrices. Le pont, d'une grande élégance, est long de 80 m, d'une portée de 46 m et large de 6 m. Il comprend trois arches en plein cintre. L'ouvrage assurait la continuité de la voie Domitienne dont on peut encore remarquer les traces en aval de l'ouvrage. Le pont Julien fut emprunté durant près de deux mille ans. Classé monument historique, la circulation est à présent détournée et franchit le Calavon sur un nouvel ouvrage construit en 2005.

AD FINES

Le relais routier *La Frontière* de la Via Domitia a été situé par les archéologues entre Goult et Marican. Dans le village de Goult a également été retrouvée une borne romaine qui provenait de la voie antique.

LES BEAUMETTES

Au niveau du village, un pont enjambait le Coulon à l'époque médiévale. Des documents du XIVᵉ siècle évoquent en outre l'existence d'un hôpital Saint-Jacques où étaient accueillis les pèlerins.

Voie romaine devenue route secondaire

Sur le chemin roumieux...

Il ne subsiste aucune trace du bâtiment, pas plus que du pont que remplace un ouvrage moderne. La chapelle Sainte-Foy est un sanctuaire troglodyte mentionné depuis le XIe siècle.

![] LE LUBÉRON

Les vallées du Calavon et du Coulon marquent les limites septentrionales de la montagne du Lubéron, laquelle appartient au Parc naturel régional du Lubéron. Sous la végétation méditerranéenne affleure la blancheur des collines calcaires. Ici ou là, à flanc de montagne, s'accrochent des villages à l'habitat serré et souvent regroupé autour d'une vieille église ou d'une demeure fortifiée. Déjà trois jours que nous cheminons en bordure du PNR du Lubéron, exactement depuis Saint-Michel-l'Observatoire. L'étape du jour est d'un tracé si évident que nous sommes tentés de lever plus souvent le regard en direction de la montagne et de ses villages. Ce matin, ces derniers se nomment Ménerbes, Oppède, autant de décors superbes qui attirent depuis des lustres les artistes et les écrivains, et plus récemment les célébrités. Au pied de la montagne, Maubec est aussi un charmant village cerné par les vignes qui produisent un réputé AOC côtes-du-Lubéron.

![] DE BEAUMETTES À COUSTELLET ET AU-DELÀ, CHEMIN FAISANT...

Le balisage suit une ligne droite parfaite sur le bitume d'une petite route secondaire ou parfois sur une piste de terre qui a recouvert l'ancienne voie romaine. Peu après Coustellet, nous dépassons un carrefour qui existait déjà à l'époque romaine, c'était alors un *quadrivium* ou quatre voies. Encore deux, trois bifurcations, et c'est de nouveau une ligne droite qui nous achemine jusqu'aux portes de Cavaillon. Peut-on redouter la monotonie ? Pas vraiment, les vergers succèdent aux vignes et aux oliviers. Les cyprès et les térébinthes apportent de l'ombre à notre route, les canaux d'irrigation accompagnent nos pas de leurs bruissements.

Dans un verger aux Beaumettes

Cavaillon | la colline Saint-Jacques

Coustellet
Cavaillon - Orgon

L'étape est suffisamment courte pour nous laisser, à mi-parcours, le temps de visiter Cavaillon et même de grimper sur la colline Saint-Jacques qui domine la ville et la Durance. Le ruisselet découvert aux abords du Montgenèvre est devenu une large rivière prête à se jeter dans le Rhône. Le parcours jusqu'à Cavaillon s'effectue quasiment en ligne droite parmi les vergers et les vignes du Vaucluse. La sortie de Cavaillon nous fait franchir une dernière fois la Durance. Les kilomètres qui nous séparent d'Orgon ne seront pas toujours agréables, car nos pistes tranquilles évoluent dans un environnement guère plaisant, comptant une ligne de TGV et l'autoroute A7.

Heureusement, dans le village d'Orgon, nous retrouvons la Provence, peut-être la plus belle, celle qui côtoie les Alpilles. Ce décor sera le nôtre durant les deux prochaines étapes.

🌐 **CARTE UTILE**

🌐 3142 OT

🚶🚶 **RENSEIGNEMENTS PRATIQUES**
❖ **CAVAILLON (84300)**

→ OT, place François-Tourel, 04 90 71 32 01, www.cavaillon-luberon.com, www.cavaillon.com

→ Gares SNCF et routière

→ CH Lou Colou, 6 pl., de 65 à 75 €/2 p., pdj compris, tarif pèlerin 1/2 pension 35 €/p. CO RO, acheminement, 9 route de l'Isle-sur-la-Sorgue, 04 90 71 98 98

→ CH Bel Air, 3 ch., 58 €/2 p., pdj compris, 62 rue Bel-Air, 06 85 09 41 55

→ H Toppin, 32 ch., de 48 à 100 €/1 à 4 p., pdj 5/8 €, 70 cours Gambetta, 04 90 71 30 42, www.hotel-toppin.com

→ Camping de La Durance, 100 empl.,
tente 7 €/p., du 01/04 au 30/09,
495 av. Boscodomini, 04 90 71 11 78,
www.camping-durance.com

❖ ORGON (13660)

→ OT, av. Georges-Coste, 04 90 73 09 54,
www.office-tourisme.orgon.fr, www.orgon.fr

→ Gares SNCF et routière

→ G La Maison de Chichui, 10 pl.,
de 40 à 70 €/2 à 4 p., pdj compris,
(1/2 pension 70 €/2 p. CO, RO),
du 01/04 au 31/10, réservation obligatoire,
8 impasse des Remparts, 04 90 73 01 82
ou 06 81 27 13 32

→ H Le Relais des Fumades, 12 ch.,
de 23 à 34 €/1 à 4 p., pdj 5 €, repas 12,50 €,
1/2 pension 37 €/p., N 7, 04 90 73 00 81,
www.lesfumades.com

→ Camping La Vallée Heureuse,
80 empl., tente 16 €/2 p.,
du 15/03 au 15/10, 04 90 44 17 13,
www.camping-lavalleeheureuse.com

00,0 Coustellet (105 m). Du village, longer la D 2 vers le sud, couper la D 900, prendre aussitôt à droite le chemin des Guillaumets qui devient une piste herbeuse le long de l'ancien ballast.

01,1 Tirer à droite pour passer entre deux piles d'un ancien pont ferroviaire, obliquer tout de suite à gauche pour retrouver l'orientation SO. Après 800 m, on bute sur une route à emprunter à droite.

02,0 Carrefour, aller en face vers le NO. Couper la D 15, continuer en face par une route à sens unique Au carrefour de la Tour-de-Sabran, tirer à gauche pour longer le bas-côté gauche de la D 900 pendant 400 m.

03,1 S'écarter de la D 900 en s'engageant à gauche sur le chemin de la Tour-de-Sabran. La piste devient gravillonnée en s'orientant au SO. Elle est bordée de cyprès et térébinthes, le paysage forme un vaste verger. Au final, couper la D 24 (72 m) et, juste après…

08,3 Emprunter à gauche le chemin des Puits-Neufs qui rejoint plus au sud la D 24,

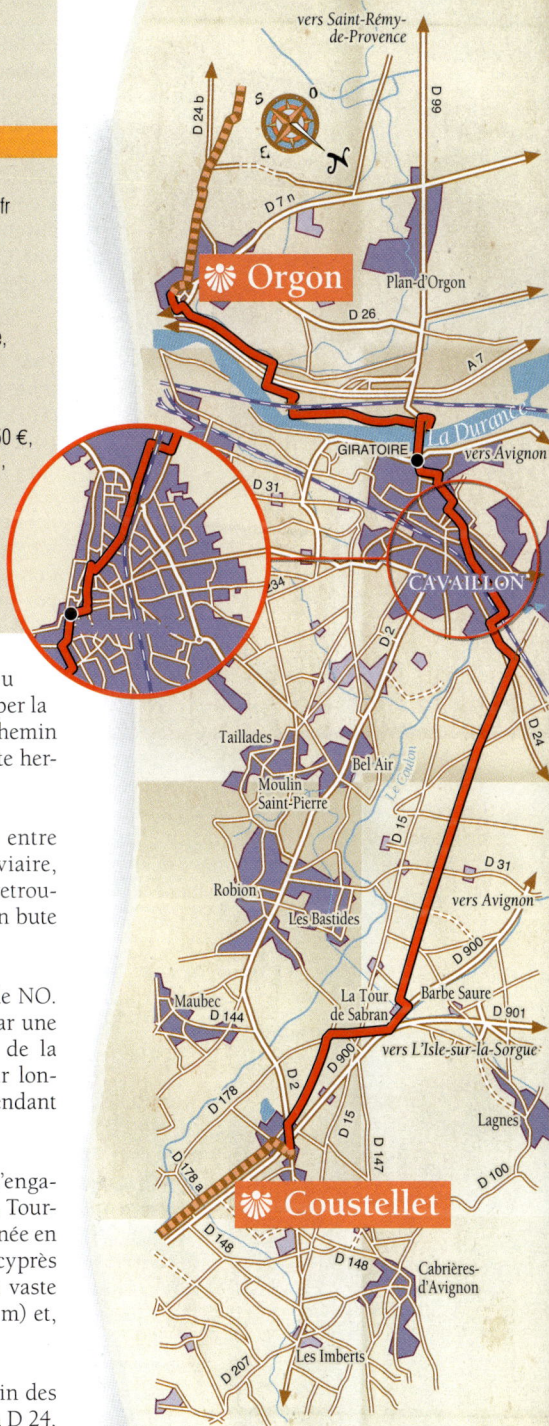

Cavaillon : la synagogue

à suivre à droite. Elle devient l'avenue de Lagnes en franchissant le Coulon à l'entrée de Cavaillon. Prendre à droite le chemin du Ratacan, passer sous le pont des voies ferrées, puis virer immédiatement à gauche. Au bout du chemin...

09,6 Prendre à gauche le passage piéton pour passer au-dessus de la rocade ou bd de l'Europe. Emprunter à gauche le faubourg des Condamines. Gagner le centre-ville par les rues Pasteur, Raspail et, à droite, le cours Bournissac.

2h50 11,1 Cavaillon. Place du Clos, à côté de l'OT (73 m). Enfiler vers le sud l'avenue Berthelot, tourner à droite avenue Charles-Vidau, puis à gauche avenue Paul-Ponce.

11,7 Tourner à droite dans l'avenue du Pont ou D 973. Dépasser un grand giratoire, suivre en face la route de Marseille ou D 938. Rester sur le trottoir de droite pour traverser le pont sur la Durance.

12,4 Dès la sortie du pont, prendre à droite et descendre un chemin afin de repasser sous le pont de la D 938 en direction du Sud. Le chemin endigué est ourlé par la Durance à gauche, la ligne TGV et l'A 7.

14,3 Tirer à droite pour passer sous le viaduc du TGV, virer à gauche sur un chemin bordé par les vignes et l'A7. Après 300 m, on retrouve le bitume, bifurcation 100 m plus loin, prendre à droite pour enjamber l'A 7, puis, au carrefour, emprunter à gauche une petite route qui va se rapprocher de l'autoroute. Monter à droite le chemin de Bazarde vers...

4h20 16,9 Orgon. Place de la Liberté, OT (90 m).

Arc de Triomphe à Cavaillon

CAVAILLON

La ville est surtout associée en France à la qualité de ses melons. Pourtant, elle recèle une longue histoire et un riche patrimoine méritant que l'on s'y intéresse. Cavaillon est dominée d'une centaine de mètres par la colline Saint-Jacques que l'on atteint par le chemin de Saint-Jacques. Ce site, habité dès la préhistoire, devint l'oppidum des Cavares (population gauloise locale). Au sommet se dresse la chapelle Saint-Jacques ou de l'Hermitage qui fut bâtie entre le XIe et le XIIe siècle. Agrandie au XVIe, elle fut restaurée par une famille de notables dans le courant du XIXe siècle. Au Moyen Âge puis jusqu'au XVIIIe siècle, le sanctuaire était occupé par des ermites, dont le plus célèbre fut César de Bus, le fondateur de la congrégation des Pères de la doctrine chrétienne. Dans l'Antiquité, les Romains ont largement contribué au développement de Cavaillon qui s'appelait en ce temps-là Cabellio. De leur présence, il subsiste l'arc de triomphe datant du Ier siècle ap. J.-C. À l'origine, les deux arcades de cette construction surplombaient la voie Domitienne, le *cardo maximus*, la grand-rue, au niveau du forum. Au XIXe siècle, l'arc fut déplacé et installé sur la nouvelle place du Clos.

LA CATHÉDRALE NOTRE-DAME ET SAINT-VÉRAN

L'édifice fut construit au XIe siècle en remplacement de sanctuaires plus anciens, Cavaillon ayant été élevée au rang de cité épiscopale dès le IVe siècle. Agrandie et consacrée par le Pape Innocent IV en 1251, la construction romane à nef unique fut dépourvue de transept, mais dotée rapidement de chapelles latérales. Le clocher octogonal est également de facture romane, de même que le cloître, lequel héberge un magnifique cadran solaire affichant la devise latine : *Ora ne te fallat hora* (« Prie afin que l'heure ne te surprenne pas »). L'intérieur de la cathédrale abrite des boiseries du XVIIe siècle et des œuvres de Mignard et Parrocel. Dans une chapelle latérale, saint Véran, évêque de la cité au VIe siècle et vainqueur de son combat titanesque avec un dragon, selon une légende locale, est représenté en tenue de pèlerin ornée de coquilles.

LA SYNAGOGUE

Elle est intéressante par son architecture (XVe et XVIIIe siècles) mais aussi parce que son petit musée retrace une partie de l'histoire insolite des Juifs de Provence. Lorsqu'en 1394, les communautés hébraïques furent expulsées du royaume de France, certains Juifs vinrent se réfugier dans le comtat Venaissin (comprenant Cavaillon, Carpentras et Vaison-la-Romaine),

état indépendant mais contrôlé par la papauté. Ces populations étaient appelées les « juifs du pape » parce qu'elles bénéficiaient de sa protection. Malgré cela, à partir du XVe siècle, les Juifs de Cavaillon eurent l'obligation de vivre en ghetto, la Contre-Réforme renforça l'ensemble des restrictions au XVIe siècle. Outre les salles de prière (hommes et femmes séparés), la synagogue héberge une piscine de bain rituel et une boulangerie où était confectionné le pain azyme pour Pessah (la Pâque juive).

ORGON

Le site fut habité dès le Néolithique, et l'exhumation de pièces et de statues a prouvé une occupation des lieux à l'époque gallo-romaine. Place forte au Moyen Âge, le château d'Orgon servait de résidence aux templiers au XIIIe siècle. La forteresse a connu des heures tragiques par la suite lorsqu'elle appartenait aux ducs de Guise ; il n'en demeure que des ruines. Les fortifications médiévales sont encore visibles à travers les portes de l'Ange ou de l'Hortet. Outre de belles façades Renaissance, le centre-ville héberge l'église gothique Notre-Dame-de-l'Assomption qui fut édifiée en 1325. Son clocher plus

Saint Véran

tardif (1660) est caractéristique de l'architecture provençale. Sur les hauteurs du village, l'église Notre-Dame-de-Beauregard, bâtie au XIXe siècle dans le style néo-byzantin, vaut surtout pour la vue qu'elle permet de découvrir sur la montagne du Lubéron, les Alpilles et la vallée du Rhône.

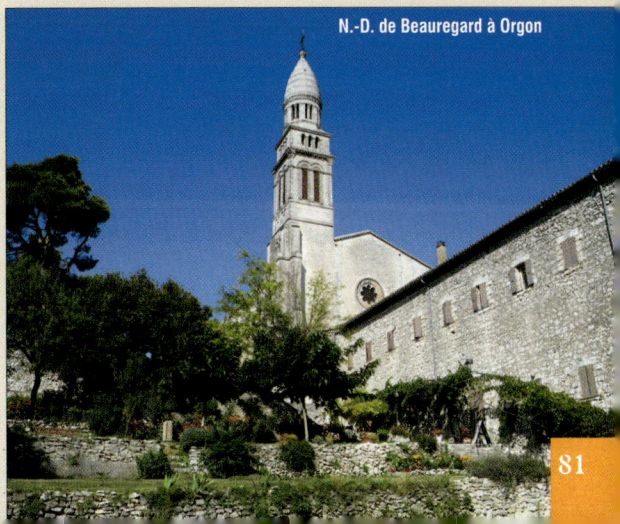

N.-D. de Beauregard à Orgon

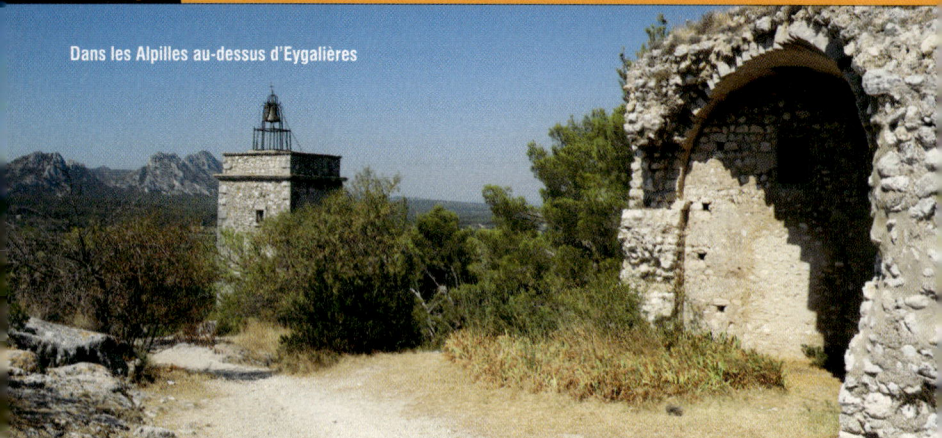
Dans les Alpilles au-dessus d'Eygalières

Orgon
Saint-Rémy-de-Provence

es champs d'oliviers, d'amandiers et de vignes jalonnent cette journée avec les Alpilles en toile de fond. La chapelle Saint-Sixte surgit en bordure de la petite route que nous suivons – par sa simplicité et sa beauté, elle constitue un premier plan parfait avec encore les Alpilles en arrière-plan –, carte postale trop vue diront les blasés… Laissez dire et contemplez le décor dans la lumière matinale. Eygalières est devenu très tendance, mais demeure un splendide village. Bien sûr, les clients attablés aux terrasses de café ressemblent un peu trop à ceux qui pavoisent chez Sénéquier à Saint-Tropez, mais qu'importe ! Saint-Rémy marque le terme de cette belle étape, mais pas de cette journée. Il faut pousser jusqu'à Glanum, la cité antique, découvrir le monastère Saint-Paul-de-Mausole où séjourna Van Gogh et, bien sûr, le village de Saint-Rémy-de-Provence.

🌐 CARTE UTILE

🌐 3042 OT

🏃 RENSEIGNEMENTS PRATIQUES

❖ EYGALIÈRES (13810)

→ www.mairie-eygalieres.fr

→ GE La Sariette, 20 pl., 26 €/p., 1/2 pension 37 €/p., panier repas 6,50 €, chemin du Mas des Mauriers, 04 90 95 94 50, www.lasarriette.com

→ CH du Contras, 12 pl., de 45 à 75 €/1 à 3 p., pdj compris, du 01/03 au 15/10, chemin du Contras, 04 90 95 04 89, www.chambre-hote-eygalieres.fr

→ CH Le Mas des Poulains, 4 ch., de 50 à 85 €/1 à 4 p., pdj compris, repas 19 €, chemin de Cèbe, 04 90 90 65 96, www.masdespoulains.com

→ Camping Les Oliviers, 33 empl., tente 13 €,
caravane 24 €/2 p., du 01/04 au 03/10,
av. Jean-Jaurès, 04 90 95 91 86,
www.camping-les-oliviers.com

❖ SAINT-RÉMY-DE-PROVENCE
(13210)

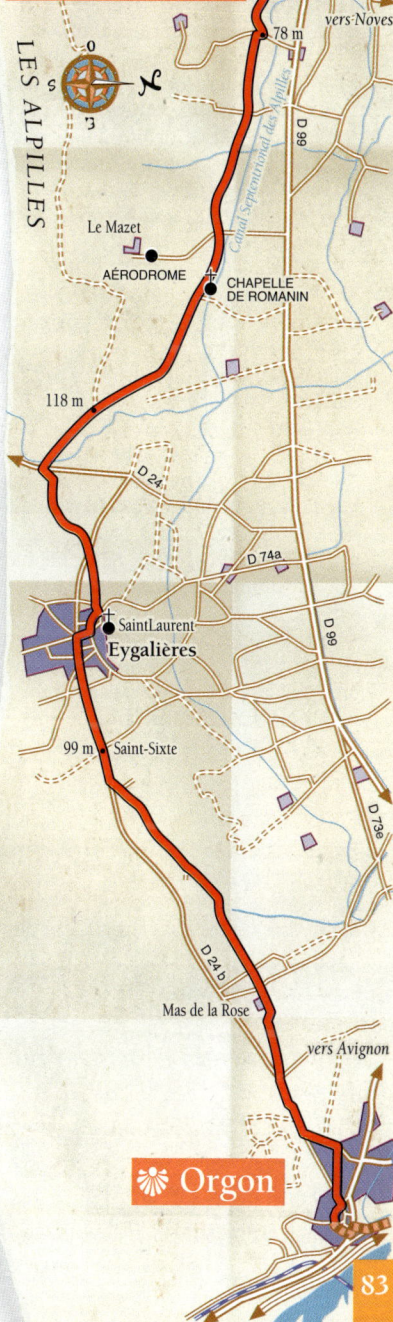

→ OT, place Jean-Jaurès, 04 90 92 05 22,
www.saintremy-de-provence.com,
www.saint-remy-de-provence.com

→ Gare routière

→ CH, 4 pl., de 45 à 75 €/2 à 4 p., pdj compris,
de mai à sept., 4 lot. Mas de Bigau,
04 90 92 24 15

→ CH Le Mas des Floralies, 9 pl., 60 €/2 p.,
90 €/3 p., pdj compris, repas 20 €,
1943 route de Maillane, à 2 km de Saint-Rémy,
04 90 92 10 38, www.mas-lesfloralies.com

→ H de La Caume, 12 ch., de 42 à 74 €/2 p.,
pdj 7,50 €, route de Cavaillon, 04 90 92 43 59,
www.hoteldelacaume.com

→ H Le Cheval Blanc, 25 ch.,
de 62 à 75 €/1 à 4 p., pdj 7 €, repas 15 €,
fermé de mi-nov. à mi-fév., 6 av. Fauconnet,
04 90 92 09 28, hotelduchevalblanc.com

→ Camping du Vieux Chemin d'Arles,
tente 12 €/2 p., épicerie, du 20/03 au 15/10,
Vieux chemin d'Arles, 04 90 92 27 22,
www.campingstremy.free.fr

Arc de Triomphe à Glanum

SITE ARCHÉOLOGIQUE
DE GLANUM

vers Arles

SAINT-PAUL-
DE-MAUSOLE

vers Tarascon

vers Avignon

❀ Saint-Rémy-de-Provence

vers Noves

78 m

LES ALPILLES

Canal Septentrional des Alpilles

Le Mazet

AÉRODROME

✝ CHAPELLE
DE ROMANIN

118 m

D 99

D 24

D 74a

SaintLaurent
Eygalières

99 m Saint-Sixte

D 73e

D 24 b

Mas de la Rose

vers Avignon

❀ Orgon

00,0 Orgon (90 m). Place de la Liberté, OT. Prendre la direction de l'ouest par la rue Jules-Robert, la montée du Paradis et l'avenue Jean-Moulin. On débouche sur la D 24b, à suivre à gauche. Après 100 m, le GR part à droite pour accomplir un détour superflu : continuer sur la D 24b jusqu'au carrefour.

01,6 Obliquer alors à droite sur la D 24b (route Jean-Moulin). Après 700 m, le GR nous arrive par la droite. Faire quelques mètres, puis descendre à droite le chemin de Valdition. Dépasser le mas de la Rose. Aller toujours tout droit parmi les vignes et les oliviers.

07,0 La piste rejoint la D 24b, à suivre à droite. Après 400 m, un carrefour (99 m) est dominé à gauche par la chapelle Saint-Sixte. Aller tout droit par la D 24b. On entre dans Eygalières par l'avenue Jean-Jaurès.

2h15 08,8 **Eygalières,** la mairie. Monter à droite la rue de la République ; au pied de l'église, virer à gauche par la rue des Écoles. S'engager à gauche, plein ouest, sur le chemin Mario-Prassinos.

09,9 Couper la D b24b pour continuer en face par le cami Roumieu qui, au final, bute sur la D 24 au pied des Alpilles. Traverser la D 24. Prendre en face vers le NO un chemin qui franchit un petit pont, puis file parmi les oliviers et les amandiers.

12,2 Bifurcation (118 m) : le GR part à gauche au pied des Alpilles (attention : certains tronçons peuvent être fermés en période de sécheresse et de risque d'incendie). Nous suggérons d'obliquer à droite (en face) vers le NO. Laisser plus loin, à droite, la chapelle de Romanin.

14,7 Nous passons au nord de l'aérodrome de vol à voile. Poursuivre tout droit par l'ancienne voie Aurelia.

17,7 Carrefour (78 m) : emprunter à gauche la voie Aurelia, puis le chemin la Croix-des-Vertus. Le GR nous rejoint par la gauche.

20,0 Carrefour avec la D 5.
– En montant à gauche l'avenue Van-Gogh, on peut découvrir le monastère Saint-Paul-de-Mausole (asile où séjourna Vincent le peintre) et le site archéologique de Glanum à 900 m.
– En descendant l'avenue Pasteur, on aboutit à Saint-Rémy-de-Provence par la rue de la Commune, puis prendre à gauche la rue Lafayette, prolongée par l'avenue de la Résistance pour déboucher à…

5h15 20,7 **Saint-Rémy-de-Provence,** place de la République, au pied de la collégiale Saint-Martin (59 m).

LA CHAPELLE SAINT-SIXTE D'EYGALIÈRES

Isolée, entourée de cyprès et dominant le paysage, elle est un modèle de simplicité romane – une image souvent reproduite pour illustrer la Provence. L'édifice, bâti en 1155, comprend également un vaste porche qui a été rajouté à l'occasion d'une restauration au XVIIe siècle. Tant de beauté incite à une pause à l'ombre aux heures chaudes ou à marquer un arrêt dans le cas d'une averse impromptue. Depuis l'année 1222, saint Sixte est honoré chaque mardi de Pâques, lors d'un pèlerinage, appelé *roumavage*. Les pèlerins sont habillés en costume provençal traditionnel et marchent aux sons des tambourins et des galoubets.

EYGALIÈRES

Le village s'accroche au sommet d'une colline depuis le Moyen Âge. Les ruelles et les habitations ont su garder leur charme et leur authenticité, même si le lieu est très

Vestiges de Glanum

prisé par les personnalités du show-business et des médias. L'église Saint-Laurent date du XIIe siècle, tandis que la chapelle des Pénitents, bâtie au XVIIe siècle, abrite le musée du Vieil-Eygalières.

GLANUM (LES ANTIQUES)

C'est l'ancienne cité romaine qui s'étendait au pied des Alpilles, autour d'une source sacrée, et à peu de distance de l'actuel village de Saint-Rémy-de-Provence. Avant l'occupation romaine, le site était déjà habité par des populations celto-ligures, ou Salyiens, qui s'hellénisèrent au contact des Grecs aux IIe et Ier siècles av. J.-C. De cette période, il subsiste quelques vestiges du *bouleutérion* (assemblée des citoyens) et du *prytanéion* (hôtel de ville). Les Romains occupèrent Glanum du Ier siècle av. J.-C. jusqu'au IIIe siècle de notre ère. La cité connut un fort développement et son apogée sous Auguste, qui entreprit l'adduction d'eau, la construction des thermes, de la basilique et du forum. La source sacrée demeurait très vénérée, les médecins lui prêtaient même des vertus curatives, au point que les légionnaires blessés venaient se faire soigner à Glanum. Parmi les vestiges les plus connus du site, on peut citer le mausolée, un monument funéraire gallo-romain, édifiée vers 30 av. J.-C. par une riche famille gauloise, et l'arc municipal de Glanum qui marquait l'entrée de la Via Domitia dans la cité.

SAINT-RÉMY-DE-PROVENCE

Après la destruction de Glanum par les Barbares vers l'an 260, les habitants des environs s'installèrent en bordure de la Via Domitia sur le site qui allait devenir Saint-Rémy-de-Provence. Une première paroisse vit le jour au début du VIe siècle sous la protection de l'abbaye Saint-Rémy

de Reims, ce qui explique l'origine de son nom. La cité se dota de fortifications au Moyen Âge, mais ne se développa vraiment qu'à partir du XIe siècle avant de bénéficier, ultérieurement, de la protection des papes d'Avignon. Ville située à la croisée des chemins, elle profita de l'installation d'une importante communauté juive qui fit fleurir l'activité commerciale et les échanges. À la Renaissance, Saint-Rémy-de-Provence vit naître Nostradamus. Bien plus tard, en 1889, elle accueillit Vincent Van Gogh.

LE MONASTÈRE SAINT-PAUL-DE-MAUSOLE

Situé près du site antique de Glanum, appelé ainsi en référence au mausolée de Glanum, il fut fondé par des chanoines augustiniens, puis occupé par la suite par des moines franciscains. L'église romane érigée au XIIe siècle est coiffée d'un clocher carré, orné d'arcatures lombardes. L'édifice jouxte un cloître de style roman également. Les chapiteaux sculptés exhibant des monstres et des motifs végétaux annoncent déjà un style que nous retrouverons à Saint-Trophime en Arles. Les bâtiments conventuels furent convertis en maison de convalescence. C'est à l'intérieur de ces murs que Vincent Van Gogh résida pendant un an, de mai 1889 à mai 1890. Dans le petit musée dédié à l'artiste, on découvre des reproductions de ses célèbres toiles peintes dans les alentours.

Nous reconnaissons les oliveraies et les paysages traversés durant l'étape du jour, mais transfigurés par la vision du peintre, rendu à l'apogée de son art.
Le musée des Alpilles, regroupant les arts et traditions populaires, est installé dans le splendide hôtel particulier construit au XVIe siècle par la famille Mistral de Montdragon.

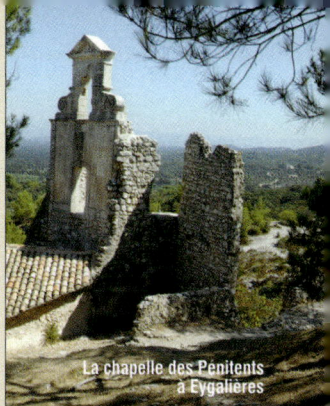
La chapelle des Pénitents à Eygalières

Monastère Saint-Paul à Saint-Rémy-de-Provence

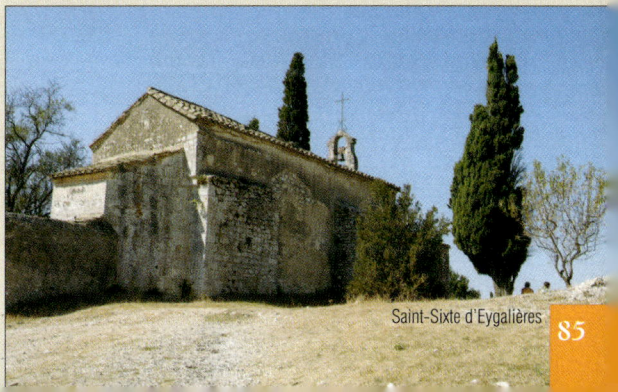
Saint-Sixte d'Eygalières

Les Écrins sont loin : vous êtes ici au cœur des Alpilles

Saint-Rémy-de-Provence
Fontvieille

Durant cette journée, nous allons découvrir le cœur des Alpilles en traversant le massif du versant nord vers le versant méridional. Bien modeste chaîne, certes, après avoir côtoyé, il y a quelques semaines, le massif des Écrins. Mais ici, le charme opère différemment. Les roches blanches et la végétation appartiennent au monde méditerranéen. Daudet, Giono, Pagnol ont décrit ces paysages de la Provence qui ne diffèrent guère de ceux, plus lointains, évoqués par Homère ou par la Bible. Vignes et oliviers nous accompagnent au départ de Saint-Rémy, puis ils cèdent la place aux immenses pinèdes et aux chaos rocheux. Les pistes se succèdent, nos pas sont rythmés par le chant des cigales. Le mistral apporte des courants d'air stimulants au sortir d'un vallon plombé par la touffeur estivale. La chapelle Saint-Gabriel surgit tel un mirage après des kilomètres parcourus en pleine nature. Fontvieille, terme de cette étape, paraît bien assoupi, à l'image du moulin de Daudet qui dresse ses pales inanimées devant les cohortes de touristes friands d'images d'Épinal.

Santons à Fontvieille

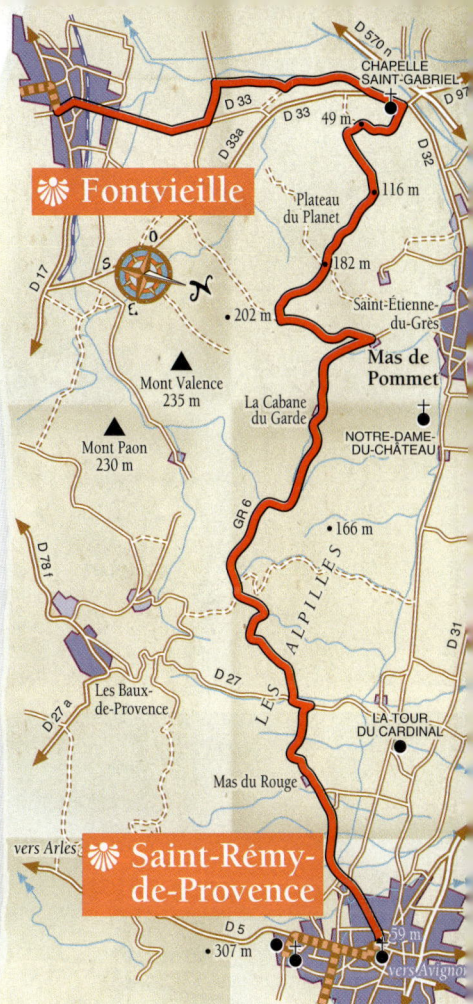

CARTE UTILE

- 3042 OT

RENSEIGNEMENTS PRATIQUES

❖ FONTVIEILLE (13990)

→ OT, av. des Moulins, 04 90 54 67 49,
www.fontvieille-provence.com

→ GE Les Enganes, 9 pl., 20 €/p., pdj 5 €,
1/2 pension 40 €/p., accueil équestre 5 €,
route de l'Aqueduc Romain, 04 90 54 72 10,
www.enganes.free.fr

→ H Auberge des Balastres, 10 ch.,
de 55 à 75 €/2 à 4 p., pdj 8 €, repas 23 €,
fermé de Toussaint à fin janvier,
route de Tarascon, 04 90 54 68 72,
www.auberge-balastres.com

→ Camping municipal Les Pins, 148 empl.,
tente 9 €/p., du 01/04 au 30/09, rue Michelet,
04 90 54 78 69

**ATTENTION : en période de sécheresse
et de risque d'incendie, certaines
pistes empruntées ci-dessous peuvent
être interdites d'accès (se renseigner
à la mairie ou à l'OT avant le départ).**
Itinéraire à utiliser en pareil cas : du centre
de Saint-Rémy-de-Provence, monter la D 5
ou avenue Pasteur. À 600 m, prendre à gauche
le chemin Gaulois, puis le vieux-chemin
d'Arles et l'avenue Mireille jusqu'à
Saint-Étienne-du-Grès. Poursuivre par la D 32
jusqu'à la chapelle Saint-Gabriel. Reprendre
au pk 16,7 du descriptif jusqu'à Fontvieille.
Soit un total de 18 km.

00,0 Saint-Rémy-de-Provence. Depuis le parvis de la collégiale Saint-Martin (59 m), traverser le carrefour puis la place de la République en diagonale vers le SO à travers un parking. À l'autre extrémité, emprunter à droite le chemin de la Combette.

01,0 Carrefour en T : accomplir une quinzaine de mètres à gauche, prendre à droite vers le SO le chemin des Servières et des Cademières. Il est bordé d'habitations, puis de vignes, d'oliviers, et enfin de pins à l'approche des Alpilles.

02,1 Patte d'oie : monter en face sous les arbres. Laisser à gauche Le Mas-du-Rouge, tirer à droite, puis grimper à gauche pour franchir un collet au cœur des Alpilles…

03,2 Fin du bitume. Virer à droite par un sentier plein ouest en laissant une propriété à gauche. On arrive sur une piste qui s'en va à gauche, puis à droite parmi les pins, pour reprendre l'orientation de l'ouest.

04,2 On bute sur la D 27, à emprunter à gauche vers Les Baux sur 250 m. S'engager à droite sur une piste desservant des habitations. La quitter après 50 m pour prendre à gauche une piste forestière qui s'élève dans un vallon.

Moulin de Daudet

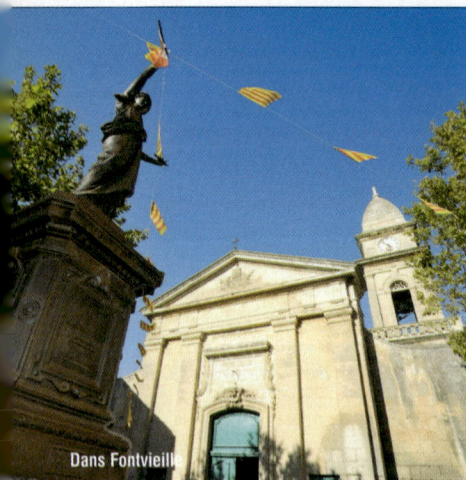
Dans Fontvieille

07,4 Bifurcation : aller au nord pour descendre dans un vallon (gué), puis dépasser la Cabane du Garde.

2h45 10,8 Au niveau du **mas de Pommet** :
– soit poursuivre tout droit pour atteindre Saint-Étienne-du-Grès (1,5 km, hors GR) ;
– soit partir à gauche (le GR) par une piste qui franchit un petit pont avant de s'orienter au sud pour remonter un vallon.

12,3 Bifurcation (citerne) : prendre à droite vers le SO, puis vers le sud. Après un virage en épingle à cheveux, la piste se dirige vers le NO.

13,2 Une piste nous rejoint par la gauche, monter en face vers le plateau du Planet. Après 450 m, carrefour de pistes avec citerne (182 m) : aller tout droit vers l'ouest. À 900 m, dépasser une autre citerne.

14,8 Carrefour de pistes (116 m) : continuer tout droit au SO par la piste la plus large.

15,9 Carrefour en T (citerne ; 49 m) : emprunter un sentier plein nord qui oblique ensuite vers l'ouest pour laisser en contre-haut, à droite, une tour en ruine. Descente vers la…

4h15 16,7 **Chapelle Saint-Gabriel.** De l'édifice, rejoindre le parking, puis, à gauche (sud) la D 33. Après 400 m, quitter la route dans une courbe à gauche : suivre en face (sur la droite) la piste bordée de serres. À la bifurcation : opter à gauche pour une piste gravillonnée.

18,3 Au niveau d'une station de pompage, obliquer à droite (en face). Au carrefour en T (devant une habitation) : virer à gauche pour atteindre la D 33 qu'on emprunte à droite vers…

5h30 22,0 Fontvieille. Carrefour de la D 33 avec le cours Hyacinthe-Bellon (10 m).

05,0 On accède à une piste plus large, la suivre à gauche. À la première bifurcation, tourner à droite NO, à la seconde, obliquer à gauche vers l'ouest, puis tout de suite plein sud. Le GR 6 nous rejoint par la gauche.

05,9 Carrefour en T : emprunter à gauche un chemin qui domine le versant sud des Alpilles et Les Baux-de-Provence.

La chapelle Saint-Gabriel

SAINT-ÉTIENNE-DU-GRÈS

Administrativement, c'est un village de création récente, mais tout porte à croire qu'un camp romain se dressait déjà à cet endroit dans l'Antiquité. Sur les hauteurs, là où furent construits un oppidum et un château au Moyen Âge, se dresse encore aujourd'hui la chapelle Notre-Dame-du-Château. Sa construction, très humble, semble remonter au XIe siècle.

LA CHAPELLE SAINT-GABRIEL

Elle se dresse à l'extrémité ouest des Alpilles, juste au sud-est de Tarascon et non loin de Saint-Étienne-du-Grès. À l'époque gallo-romaine, le site était occupé par le village de Ernaginum, à proximité d'un carrefour majeur où se rencontraient les Via Domitia, Agrippa et Aurelia. À présent, c'est un site sauvage. La chapelle n'a pour seul voisinage que les oliviers et, en contre-haut, les vestiges d'une tour médiévale. L'édifice de style roman

affiche en façade un imposant oculus entouré par les symboles tétra-morphes des évangélistes. Au-dessus du portail d'entrée, le tympan montre des représentations d'Adam et Ève mais aussi de Daniel dans la fosse aux lions. Le fronton est dédié à la Vierge avec des scènes figurant l'Annonciation et la Visitation. L'intérieur, très dépouillé, comprend une nef unique à trois travées, terminée par une abside en cul-de-four.

FONTVIEILLE

Le site de Fontvieille était habité depuis la préhistoire. Dès l'Antiquité, les carrières de pierre des alentours servirent à la construction des monuments célèbres d'Arles puis, plus récemment, à l'édification de l'abbaye de Montmajour et des hôtels particuliers d'Arles. Fontvieille entra véritablement dans l'histoire au XIXe siècle. Le charme du village et la beauté des collines avoisinantes inspirèrent Alphonse Daudet qui vint y séjourner régulièrement pendant une trentaine d'années.

L'ÉGLISE SAINT-PIERRE ES LIENS

Située dans le village, elle est célèbre pour sa cérémonie du *pastrage*, ou fête des bergers, qui se déroule pendant la nuit de Noël suivant une longue tradition provençale. Après le gros souper comprenant les treize desserts, les bergers des environs se rendent à la messe de minuit avec une brebis et son agneau, afin d'offrir ce dernier à l'Enfant Jésus dans la crèche.

LE MOULIN D'ALPHONSE DAUDET

Implanté au sommet d'une colline au sud du village, c'est le lieu où l'écrivain venait pour trouver l'inspiration qui lui fera écrire *Les Lettres de mon moulin*, son œuvre la plus connue. La vue s'ouvre sur les Alpilles, la vallée rhodanienne et, vers l'ouest, vers l'abbaye de Montmajour et Arles.

Arles : l'amphithéâtre
(ou les arènes)

Fontvieille

Arles

Cette ultime étape bien courte, mais empruntant largement le goudron, nous laissera tout le loisir d'explorer la ville d'Arles. Mais est-ce vraiment la fin du périple ? La Via Domitia se prolonge bien au-delà dans la plaine languedocienne. Quant à la ville d'Arles, elle est à la fois un point d'arrivée, mais surtout la tête de départ du célèbre chemin d'Arles, ou Via Tolosana, qui acheminait les pèlerins à travers le Languedoc, puis le Midi pyrénéen jusqu'en Aragon et en Navarre par le col du Somport. Autant dire que Compostelle est encore loin et que le cheminement nous réserve bien des surprises, si nous poursuivons la marche au long cours.

En sens inverse, Arles fut, en des temps encore plus anciens que le pèlerinage vers Compostelle, une étape importante ou un point de départ pour les romieux, ces pèlerins qui se rendaient à Rome par la Via Domitia, puis la Via Francigena en Italie. Quel que soit le but, bon chemin !

Statue de saint Roch dans Arles

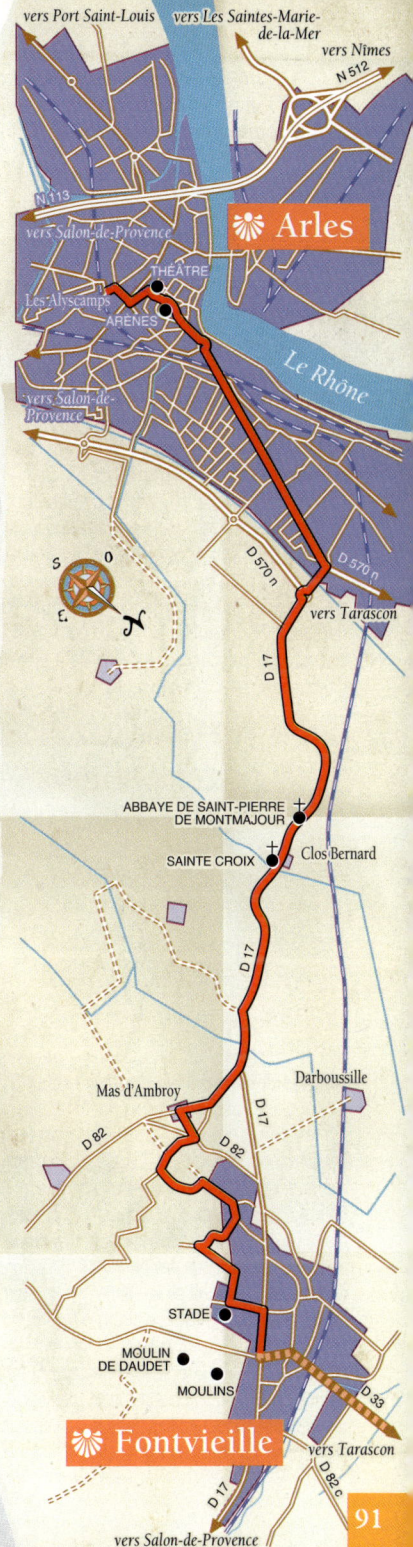
00,0 Fontvieille (10 m). Depuis le cours Hyacinthe-Bellon, face au champ de foire, emprunter à gauche le cours Alphonse-Daudet. Au premier giratoire, virer à gauche par le chemin du Stade. Après 300 m (on retrouve le GR), obliquer à droite par la rue du Docteur-Julien qui file vers l'ouest avant de s'orienter au sud.

01,1 Bifurcation : s'engager à droite par la rue des Seyères. Longer par le sud un carrefour en triangle, puis prendre à gauche le chemin des Fourques. Après 300 m, nouveau carrefour en triangle : continuer à gauche par le chemin des Sumians.

02,6 Carrefour en T : bifurquer à droite, toujours par le chemin des Sumians. À 200 m, tirer à droite vers le NO. Couper la D 82, aller en face, plein ouest.

03,7 On bute sur la D 17, à suivre à gauche jusqu'à l'entrée d'Arles.

07,8 Giratoire à contourner par la gauche, poursuivre en face par la D 570n. À 300 m, nouveau rond-point : emprunter à gauche (vers le sud) l'avenue de Stalingrad.

09,9 Faire le tour par la droite de la place Lamartine afin de pénétrer en face dans le vieux Arles en s'engageant entre les tours, puis dans la rue de la Cavalerie. Remonter la rue Voltaire, contourner les Arènes, emprunter à l'opposé la rue Porte-de-Laure en laissant le théâtre sur la droite. Descendre sur la gauche la montée Vauban. Au carrefour, partir à droite, puis à gauche par l'avenue des Alyscamps.

3h00 11,1 Arles : les Alyscamps.
Point de départ de la Via Tolosana ou chemin d'Arles.

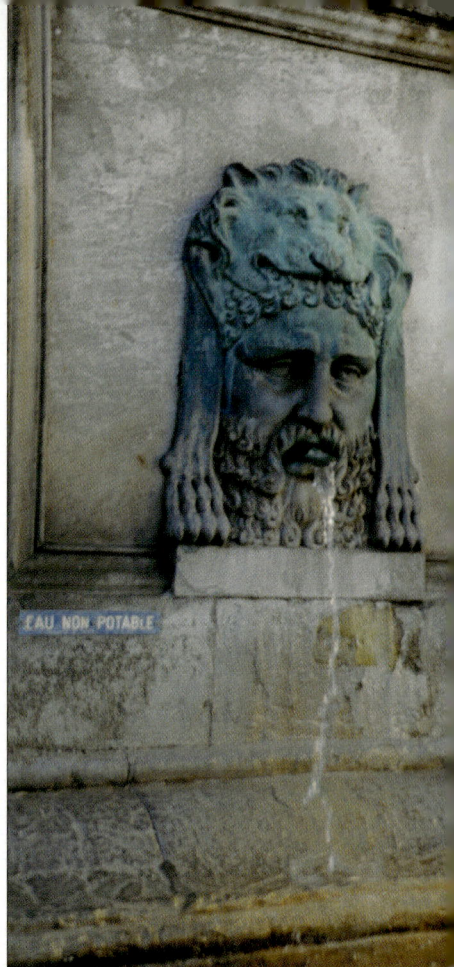

L'ABBAYE DE MONTMAJOUR

Elle se dresse sur un îlot entouré d'étangs et de marais aux portes d'Arles. Le sous-sol abrite une ancienne nécropole chrétienne. La fondation de l'abbaye par des moines bénédictins remonte à 949. Au fil des siècles, la communauté Saint-Pierre prospère grâce notamment à la venue des pèlerins participant au pardon de la Sainte-Croix, institué en 1030. Le cloître, les bâtiments conventuels, et, un peu à l'écart vers l'est, la chapelle Sainte-Croix évoquant par sa forme un reliquaire, furent édifiés dans le style roman au cours du XIIe siècle.

L'abbatiale primitive, dédiée à Notre Dame, fut érigée à la même époque, au-dessus d'une crypte pourvue d'un ample déambulatoire. Bien qu'inachevé, l'édifice présente une grande pureté architecturale.

À partir du XIVe siècle, le monastère placé sous le régime de la commende amorce une lente décadence spirituelle et matérielle. Plus tard, à la demande de l'archevêque d'Arles, la congrégation de Saint-Maur reprend la gestion de l'abbaye et entreprend, en 1703, la construction du nouveau monastère de Saint-Maur. La Révolution met en péril l'ensemble. Déclarés monument historique en 1845, les bâtiments font l'objet d'un important travail de restauration sous le Second Empire, puis dans les années 1980. L'abbaye de Montmajour est aujourd'hui un lieu d'exposition prestigieux, notamment lors des Rencontres internationales de la photographie.

ARLES

Cité au riche patrimoine et culturellement très animée, Arles est aussi un carrefour de voies pèlerines vers Compostelle ou Rome. En effet, ici débute le chemin d'Arles, également appelé « voie d'Arles » ou « Via Tolosana ». La voie Domitienne se poursuit à travers le Languedoc-Roussillon, même si les

Saint-Trophime

jacquets d'autrefois s'en écartaient pour aller honorer saint Gilles dans la cité du même nom, avant de retrouver la *Domitia* d'Ambrussum à Montpellier ; l'actuel GR 653 suit en partie le même parcours.

Fondée par les Celtes, colonisée par les Grecs, Arles devient romaine par la volonté de César. De la « petite Rome des Gaules » subsiste un riche patrimoine antique. Christianisée très tôt, Arles souffre beaucoup des invasions barbares. Elle ne connaîtra l'apaisement, source de renouveau et de richesse, qu'à partir du XIIe siècle. Depuis 1981, les monuments antiques et médiévaux sont classés par l'Unesco au patrimoine mondial de l'humanité. Le vieux centre-ville doit aussi une partie de son charme aux nombreux hôtels particuliers construits aux XVIIe et XVIIIe siècles.

L'AMPHITHÉÂTRE

Monument romain le plus important, il atteint 136 m de longueur dans son grand axe et 107 m pour le petit. Construit en 46 av. J.-C., il a été conçu pour de grands spectacles, auxquels pouvaient assister vingt-cinq mille personnes. Dès le début du Moyen Âge, le bâtiment fit office de ville close et les Arlésiens vinrent y habiter en grand nombre. L'amphithéâtre reçut quatre tours fortifiées au XIIe siècle.

Dans le courant du XIXe siècle, les restaurations débutèrent et l'édifice retrouva sa fonction initiale de cirque, notamment avec la tauromachie, ce qui explique qu'il est aujourd'hui désigné sous le vocable d'« arènes ».

LE THÉÂTRE ANTIQUE

Bâti entre 40 et 30 av. J.-C. sous le règne de l'empereur Auguste, avec une *cavea* de plus de 100 m de diamètre ; dix mille spectateurs pouvaient y prendre place. Du mur de scène qui comptait une centaine de colonnes d'ordre corinthien, il n'en subsiste qu'une paire. Les niches abritaient des statues d'ins-piration grecque, à l'instar de la Vénus d'Arles, aujourd'hui exposée au Louvre.

LES ALYSCAMPS

Les Champs-Élysées, en provençal, ou la « cité des morts » dans la mythologie grecque, étaient une nécropole païenne à l'époque romaine qui se christianisa ensuite, ne serait-ce que parce des saints chrétiens y furent inhumés, à commencer par saint Genest, martyr local, décapité en 303, et par la suite les évêques d'Arles. Au Moyen Âge, les Alyscamps marquaient le point de départ des pèlerins provençaux pour Compostelle (c'est toujours vrai de nos jours). De nombreux sarcophages romains et paléochré-tiens bordent l'allée.

L'ÉGLISE SAINT-HONORAT

Elle se dresse à l'extrémité sud-est de la nécropole. Elle fut construite au XIᵉ siècle au-dessus de la sépul-ture de saint Genest par les moines de Saint-Victor de Marseille. L'édi-fice visible aujourd'hui est de style roman provençal, mais il demeure

inachevé. L'ensemble est dominé par une lanterne des Morts.

LA CATHÉDRALE SAINT-TROPHIME

Au Vᵉ siècle, saint Trophime, évan-gélisateur grec et premier évêque d'Arles, élève au rang de cathédrale la basilique primitive dédiée à saint Étienne. Détruit par les Barbares aux VIIᵉ et VIIIᵉ siècles, l'édifice est reconstruit à l'époque carolingienne, puis restauré aux Xᵉ-XIᵉ siècles. Le sanctuaire est dès lors dédié à saint Trophime, dont il abrite les reli-ques. La façade occidentale, dont on peut encore admirer le portail, date de cette époque. Le porche est richement orné de pilastres cannelés, chapiteaux à feuilles d'acanthe, frises de grecques et bas-reliefs ornés de rinceaux. Sur le tympan, les symboles tétramor-phes des évangélistes entourent le Christ en Gloire. Le long des frises sur lesquelles s'alignent une foule d'anges et de saints, on distingue saint Trophime et saint Jacques le Majeur. Le chevet gothique ne remonte qu'à la seconde moitié du XVᵉ siècle. Jouxtant la cathédrale, le cloître, l'un des plus beaux de

Provence, faisait partie d'un espace réservé à la communauté des cha-noines. Les galeries les plus ancien-nes, de facture romane, présentent des sculptures d'une exceptionnelle qualité. Les deux autres galeries de style gothique furent rajoutées au XIVᵉ siècle.

À TRAVERS LA VILLE…

Outre les agréables places et les splendides façades des hôtels par-ticuliers, on peut distinguer trois des principaux musées :
– Le musée départemental d'Arles Antique abrite des richesses archéologiques de la ville et de ses alentours, de la préhistoire à la fin de l'Antiquité.
– Le Museon Arlaten fut fondé en 1896 à l'initiative de Frédé-ric Mistral, écrivain régionaliste, et installé dans l'hôtel Laval-Castellane bâti au XVᵉ siècle. Objets et collections donnent un bon aperçu de la vie des Provençaux au XIXᵉ siècle.
– Le musée Réattu est installé dans l'ancien grand prieuré de Malte. Outre les œuvres de Jacques Réattu, peintre à la charnière des XVIIIᵉ et XIXᵉ siècles, le musée abrite des toiles d'artistes contem-porains, parmi lesquels Picasso et Zadkine. On trouve également une collection de photographies d'Henri Cartier-Bresson, Edward Weston et de bien d'autres… Arles accueille les Rencontres internationales de la photographie pendant l'été.

Le Chemin d'Arles au Montgenèvre

Se reporter aux étapes décrites dans le sens inverse (nord – sud) pour avoir accès aux informations sur les hébergements, aux cartes (à lire à l'envers…) et aux notices historiques et patrimoniales. L'étape 1 ci-dessous correspond donc à l'étape 20 du descriptif du chemin allant vers Arles et Compostelle…

1ère étape   🚶‍♂️ **11,1 km**   ⏳ **3h00**

Arles - Fontvieille

00,0 **Arles**, les Alyscamps. Depuis l'entrée du site archéologique, emprunter l'avenue des Alyscamps, poursuivre à droite jusqu'au carrefour. Prendre à gauche

la montée Vauban, puis à droite la rue Porte-de-Laure. Contourner les Arènes, À l'opposé, suivre la rue Voltaire et la rue de la Cavalerie qui aboutit…

01,2 Place Lamartine. À l'autre extrémité, emprunter vers le nord l'avenue de Stalingrad.

03,0 Rond-point, virer à droite par la D 570n. Au grand giratoire, suivre en face la D 17. Dépasser l'abbaye de Montmajour.

07,4 Quitter la D 17, tourner à droite vers l'est. Couper la D 82. Poursuivre en face.

08,5 Carrefour : obliquer à gauche par le chemin de Sumians vers le nord, poursuivre par le chemin de Fourques. Au carrefour en triangle, virer à droite par la rue des Seyères.

10,0 Bifurcation : prendre à gauche vers le nord la rue du Docteur-Julien qui vire ensuite vers l'est. On touche le chemin du Stade, à emprunter à gauche. Au giratoire : obliquer à droite par la D 17 ou cours Alphonse-Daudet.

3h00 **11,1 Fontvieille** (10 m), cours Hyacinthe-Bellon, face au champ de foire.

L'église Saint-Honorat (Arles)

Fontvieille – Saint-Rémy-de-Provence

00,0 **Fontvieille.** Depuis le cours Hyacinthe Bellon, emprunter la D 33 vers Tarascon.

02,8 Quitter la D 33, prendre à gauche une petite route vers l'ouest. À 450 m, bifurcation, virer à droite vers le nord. On bute sur la D 33, à suivre à gauche. Après 400 m (au niveau d'un parking), sortir à droite de la route pour rejoindre la…

1h15 **05,3** **Chapelle Saint-Gabriel.** Depuis le chevet du sanctuaire, monter plein est. Laisser une tour ruinée en contre-haut à gauche, le sentier s'oriente vers le sud.

06,1 Carrefour en T (citerne ; 49 m) : emprunter une piste à gauche vers l'est qui vire ensuite au N.-E.

07,2 Carrefour de pistes (116 m) : continuer tout droit. Couper une autre piste (carrefour de pistes à 182 m). Après un point haut, la piste s'oriente au S.-E.

08,8 Bifurcation : descendre la piste à gauche vers le S.-E. Après un virage en épingle à cheveux à gauche, la piste s'oriente N.-E.

09,7 Carrefour (citerne) : prendre à gauche vers le nord. La piste s'enfonce dans un vallon. Au final, elle vire à droite…

2h45 **11,2** Au niveau du **Mas de Pommet**, bifurcation : monter la piste à droite (à gauche, elle conduit à Saint-Étienne-du-Grès). Dépasser la Cabane du Garde, traverser un vallon (gué), tirer à droite.

14,6 Une piste nous arrive par la droite, poursuivre tout droit par une piste en corniche. Belle vue sur le versant sud des Alpilles et les Baux. Laisser deux embranchements à droite (le deuxième est balisé variante du GR 6). Bifurquer à droite au troisième embranchement balisé GR 653D. Laisser un sentier à droite, puis un autre à gauche. La piste forestière descend dans un vallon. On touche une piste, à suivre à droite sur 50 m.

17,8 Emprunter la D 27 à gauche pendant 250 m. Quitter la route pour s'engager à droite sur une piste allant vers l'est. Elle zigzague parmi les pins avant de contourner par la gauche une habitation. Prendre à gauche une piste bitumée. Passer un collet, descendre vers le Mas du Rouge qu'on laisse à droite.

19,9 Carrefour : aller tout droit par le chemin des Servières et des Cademières.

21,0 Saint-Rémy-de-Provence. Carrefour : faire 15 m à gauche et poursuivre en face par le chemin de la Combette vers…

5h30 **22,0** **Saint-Rémy-de-Provence.** Collégiale Saint-Martin (59 m).

Saint-Rémy-de-Provence – Orgon

00,0 **Saint-Rémy-de-Provence.** De la place de la République, au pied de la collégiale Saint-Martin (59 m), emprunter l'avenue de la Résistance, prolongée par la rue Lafayette, virer à droite par la rue de la Commune, enfin remonter l'avenue Pasteur ou D 5.

Le chemin vers Saint-Rémy-de-Provence

00,7 Carrefour : prendre à gauche (vers l'est) le chemin la Croix des Vertus, puis la Voie Aurelia.

03,0 Bifurcation (78 m) : obliquer à droite par l'ancienne Voie Aurelia.

06,0 Nous passons au nord de l'aérodrome de vol à voile. Poursuivre tout droit par l'ancienne Voie Aurelia. Laisser à gauche la chapelle de Romanin. Poursuivre sur la piste orientée vers le S.-E.

08,5 Bifurcation (118 m) : (quand le GR nous arrive par la droite) aller tout droit par la piste vers le S.-E. Couper la D 24, continuer en face par le cami Roumieu qui au final coupe…

10,8 La D 24b. S'engager en face sur le chemin Mario-Prassinos. Virer à droite par la rue des Écoles, au pied de l'église, descendre à droite la rue de la République…

3h00 **11,9** **Eygalières,** la mairie. Emprunter à gauche l'avenue Jean-Jaurès ou D 24b.

13,3 Carrefour dominé à droite par la chapelle Saint-Sixte. Après 400 m, quitter la D 24b, prendre à gauche une piste parmi les vignes et les oliviers. Dépasser le mas de la Rose, monter le chemin de Valdition.

18,4 On débouche sur la D 24b (route Jean-Moulin), à emprunter à gauche (laisser le GR partir à gauche accomplir un détour inutile). Après 700 m, carrefour : tirer à gauche toujours avec la D 24b. Lorsque le GR nous vient par la gauche, faire encore 100 m. Virer à droite par l'avenue Jean-Moulin, la montée du Paradis et la rue Jules-Robert…

5h15 **20,7** **Orgon** (90 m), place de la Liberté, OT.

Orgon - Coustellet

00,0 **Orgon.** De la place de la Liberté (90 m), descendre le chemin de Bazarde qui débouche sur une petite route, à suivre à gauche. Au carrefour, virer à droite pour enjamber l'A 7, tourner de suite à gauche sur un chemin bordé par les vignes et l'A 7.

02,4 Au final, virer à droite pour passer sous le viaduc du TGV. Le chemin endigué est bordé par la Durance à droite, par la ligne TGV et l'A 7 à gauche.

04,4 Passer sous le pont de la D 938, puis obliquer à gauche pour rejoindre le pont que l'on franchit au-dessus de la Durance en direction de Cavaillon. Suivre tout droit la route de Marseille ou D 938, dépasser un grand giratoire, poursuivre par l'avenue du Pont ou D 973.

05,2 Emprunter à gauche l'avenue Paul-Ponce, puis à droite l'avenue Charles-Vidau, enfin à gauche l'avenue Berthelot qui aboutit à…

2h30 **05,8** **Cavaillon,** place du Clos, à côté de l'OT (73 m). Repartir par le cours Bournissac, continuer à gauche par les rues Raspail et Pasteur et le faubourg des Condamines. Utiliser à droite le passage piéton pour passer au-dessus de la rocade ou boulevard de l'Europe.

07,3 Longer les voies ferrées par le chemin du Ratacan, utiliser à droite le tunnel pour passer au-dessous des rails, virer de suite à gauche par l'avenue de Lagnes ou D 24. La quitter après le franchissement du Coulon pour s'engager à gauche sur le chemin des Puits Neufs.

08,6 Carrefour (les voies ferrées sont tout près sur la gauche) : prendre à droite vers le N.-E. Couper la D 24 (72 m), aller tout droit.
La piste bitumée est bordée de cyprès et térébinthes, le paysage forme un vaste verger.

13,8 Avec le chemin de la Tour de Sabran, on débouche au final sur la D 900, à suivre à droite le long du bas-côté droit pendant 400 m. Au carrefour de la Tour de Sabran, tirer à droite par une petite route (à sens unique ; attention, nous marchons dans le sens de la circulation). Couper une route.

14,9 Au second croisement, prendre à gauche une piste vers le N.-E.

15,8 Virer à droite pour passer entre deux piles d'un ancien pont ferroviaire, reprendre l'orientation N.-E. par une piste herbeuse le long de l'ancien ballast.
Poursuivre par le chemin des Guillaumets. Couper la D 2 pour rejoindre vers la gauche…

4h20 **16,9** **Coustellet** (105 m) ; le gîte est en bordure du GR.

Coustellet - Apt

00,0 **Coustellet.** Du gîte Relais du Luberon (105 m), traverser à l'est la zone industrielle. Poursuivre tout droit par la piste tantôt bitumée, tantôt de terre, qui longe parallèlement la D 900 (à main gauche).
À l'approche de Baumettes, continuer tout droit en utilisant la D 29.

05,5 Baumettes. (On peut accéder au village en empruntant le souterrain sous la D 900.) S'éloigner du village par la D 29 en franchissant le Calavon. Au premier carrefour, emprunter à gauche la petite route filant plein est. À 500 m, la quitter pour suivre à gauche une piste bordée du Calavon à gauche, d'une falaise à droite.

10,6 Au final, la piste contourne l'habitation d'un artisan de cadrans solaires. Virer à gauche par une piste bitumée en direction du Calavon. Juste avant de toucher la rivière, le goudron vire à droite. Aller toujours tout droit en coupant la D 106, dépasser la Bégude, la gare de Bonnieux, continuer par le chemin Romieux jusqu'au…

4h40 17,5 Pont Julien que l'on franchit (173 m). De l'autre côté, s'engager sur le Vélo-Route (en laissant le GR dont le parcours est confus).

19,6 Carrefour (on retrouve le GR) : continuer en face par une petite route.

Après 350 m, s'engager à droite sur une piste. À 150 m, emprunter à gauche sentier sous les arbres, parallèle à la ligne électrique.

Descente raide, tirer à droite, laisser à gauche un bâtiment, puis dépasser un terrain de jeux à l'abandon (mini-golf, piste VTT). Laisser à droite une station d'épuration. Bifurquer à gauche sur une piste blanche, à suivre sur 30 m.

21,6 Emprunter à droite un sentier pierreux vers le N.-E. : il débouche sur une route, à monter à gauche jusqu'à croiser à nouveau le Vélo-Route.

23,4 S'engager à droite sur le vélo route vers Apt.

26,7 Entrée d'Apt. Quitter le Vélo-Route. Descendre le chemin de l'Oratoire jusqu'au Calavon. Franchir la passerelle du Lubéron. Couper la D 900, emprunter la rue de la République jusqu'à aboutir à…

7h00 27,1 Apt, place de la cathédrale Sainte-Anne (250 m).

| 6ème étape | 🚶 31,2 km | ⏳ 8h30 |

Apt - Reillanne

00,0 Apt. Place de la cathédrale Sainte-Anne (250 m). Emprunter la rue Saint-Pierre jusqu'à la porte de Saignon. Traverser le rond-point de Lauze de Perret. Monter à l'opposé l'avenue de Saignon ou D 48.

01,5 Quitter la D 48 pour suivre à gauche le chemin de l'Auriane. Monter un sentier ; au final tirer à gauche jusqu'au…

02,6 Carrefour du hameau de Ginestière : monter en face le sentier vers le S.-E. qui débouche sur la D 174, à utiliser à droite pour gagner la rue du Quai et la place de l'Horloge. Tirer à gauche jusqu'à…

0h50 03,5 Saignon, cœur du village, place de la Fontaine (env. 500 m). Par une piste se diriger vers l'ancienne abbaye d'Eusèbe. On bute sur la D 174 (405 m), à descendre à droite.

Après 450 m, quitter la D 174 pour s'engager à droite sur une piste bitumée vers l'est.

05,6 Quitter le goudron, emprunter à gauche un chemin qui se prolonge par un sentier longeant un mur. Tirer à gauche pour une descente en zigzag au milieu des vergers (le balisage est précis). Au point bas, passer le tunnel sous la D 900, virer à droite par le vélo route vers…

Le Seuil
Immobilier

1h35 **06,4** **Le Carlet** où se dresse une ancienne maison de garde-barrière. Poursuivre sur le Vélo-Route (ancienne voie ferrée Forcalquier-Apt).

11,0 Quitter le Vélo-Route, prendre une petite route à droite vers les Gaudins. Traverser le hameau, puis virer à gauche par la D 223. Laisser à gauche le camping à la ferme les Gaudins. Peu après, emprunter à droite (plein sud) une piste qui vire à gauche (est), bordé à droite par la forêt, à gauche par le vignoble.

14,3 On bute sur une piste bitumée, à suivre à droite. Dépasser le hameau de Glorivette. Descente…

16,0 Carrefour en T (348 m) : aller à droite au N.-E., dépasser la ferme la Tuilière. La piste vire à l'E.-S.-E., dépasser les Guis et rester sur la route. À la bifurcation en T : laisser à droite vers la Viguière, prendre la piste à gauche, puis à droite au N.-E. Couper la petite route de la Tour d'Embarbe.

19,8 À la bifurcation des Capucins : descendre à gauche, puis remonter par sur un sentier caillouteux. Prendre à droite la petite route au niveau du panneau de sortie de Céreste. Par l'itinéraire cycliste et la D 31, rejoindre la place Vigouroux, puis descendre le cours Aristide-Briant.

6h00 **22,1** **Céreste,** place de la République, OT. Sortir vers le pont roman sur l'Encrême. Le franchir, puis tourner à droite.
Laisser à gauche une ancienne gare. Au carrefour : tirer à gauche et remonter une piste sous les feuillages jusqu'au…

24,4 Carrefour Bel Air (422 m) : prendre à droite sur une piste bitumée.

25,6 Prieuré de Carluc (à laisser à gauche ; 457 m) : remonter la piste dans le ravin, d'abord plein nord, puis N.-E (laisser un sentier à gauche). Le chemin caillouteux vire plus loin tout à droite, puis à gauche avant de déboucher sur…

28,8 Une petite route, à suivre à droite. À l'entrée de Reillanne, elle se prolonge par le boulevard Jean-Jaurès. Tourner à droite par le bd. Saint-Joseph. Au carrefour, descendre à gauche le cours jusqu'à…

8h30 **31,2 Reillanne**, OT (555 m).

7ème étape   🚶 **18,5 km**   ⏳ **4h45**

Reillanne - Mane

00,0 Reillanne. OT en contre-haut de la place Libération (555 m). Descendre le cours et suivre la D 14. Au carrefour des Terres Blanches, obliquer à gauche par une piste bitumée qui se prolonge par un sentier vers l'est qui finit par toucher la D 4100. Franchir le pont sur le Largue en utilisant le sentier parallèle à la chaussée.

04,3 S'écarter de la D 4100 par le chemin des Grands Jas. Après la ferme (535 m), obliquer à gauche en direction de la D 205, à monter à gauche vers Lincel.

1h20 **05,4** **Lincel.** Quitter le village par l'est et suivre le GR qui coupe les virages de la D 205. Au carrefour en T : descendre à droite la D 105 jusqu'à la D 4100 que l'on traverse. De l'autre côté, tirer à gauche par une sente herbeuse sous laquelle, on sent le pavage de la Via Domitia.

07,2 **Le Gué du Reculon.** Franchir le gué, remonter en face par un sentier sous

les arbres tirant à gauche jusqu'à rejoindre la D 4100, à suivre à droite pendant 400 m. Traverser la route (486 m), s'engager en face sur une piste.

08,8 Contourner par la droite la ferme des Craux, suivre à gauche une piste gravillonnée. Laisser à main droite la chapelle Saint-Paul, poursuivre à droite. Emprunter à droite la D 105 vers…

2h50 **11,1** **Saint-Michel-l'Observatoire.** De la place du Serre (560 m), se diriger à l'est vers le cimetière. Descente, tirer à gauche, monter une piste. On bute sur un chemin goudronné, à suivre à droite. Il devient un chemin blanc.

13,0 Gravir à gauche un sentier rocailleux qui touche une piste, à suivre à droite sur 50 mètres avant de tirer à gauche. Le balisage oblique à gauche sur les pistes menant jusqu'à…

3h30 **13,9** **La Tour de Porchères,** à laisser à main gauche (498 m). Virer à droite, puis légèrement à gauche. Dépasser un point haut où l'on tourne à droite (plein est). La piste descend, bordée de chênes verts (le GR file à gauche). Franchir un petit pont. Laisser à gauche un centre équestre, puis le chemin des Crots. Le chemin des Treilles descend jusqu'à la…

16,2 D 4100, à descendre à gauche pour franchir le pont sur la Laye. Après le pont, prendre à gauche (on retrouve le GR). Gravir à droite un sentier rocailleux qui aboutit au pied de l'embase d'un calvaire. Emprunter à droite la D 13. Laisser à droite le prieuré de Salagon. On bute bientôt sur la D 4100, à emprunter à gauche.

4h45 **18,6** **Mane** (442 m) ; place du village et Grande rue.

8ème étape 🚶 **13,8 km** ⏳ **3h30**

Mane - Lurs

00,0 Mane. De la place du village (442 m), remonter le sentier parallèle à la D 4100.

01,0 Carrefour en T : laisser à droite vers l'auberge Saint-Suffren, continuer en face par le sentier d'abord parallèle à la D 4100. Bientôt la route vire à gauche, descendre tout droit (sur une petite route) dans le vallon du Viou.

01,9 Franchir le ruisseau. Tirer à gauche. On bute sur la D 16, à emprunter à gauche. À l'entrée de Forcalquier, suivre l'avenue des Quatre-Reines, puis le boulevard Bouche et le boulevard Latourette.

0h45 **03,0** **Forcalquier.** place du Bourguet (env. 550 m). À l'extrémité de la place, descendre vers le parking des Cordeliers. Le traverser en diagonale pour buter sur la D 12, à descendre à droite. Passer un giratoire (supermarché). Continuer sur 350 m par la D 12.

04,5 Quitter la D 12, obliquer à gauche vers les Escuyers et les Tourettes. Au premier carrefour, laisser à gauche l'embranchement vers les Escuyers, remonter tout droit.

07,1 Bifurcation : le GR nous rejoint par la gauche depuis les Tourettes, continuer tout droit. On touche la D 212, à emprunter à droite.

08,3 Dans la courbe à droite de la D 212 (arrêt de bus), prendre à gauche une route en mauvais bitume. Laisser plusieurs embranchements annexes. Couper une route, notre piste oblique au nord, puis

Au prieuré de Salagon (détail)

vire à l'est. Descente par le hameau de Monessargues…

11,0 Franchir le pont sur le Lauzon (409 m), virer à gauche pour suivre la D 116 sur 150 m. S'engager à droite sur une route à sens unique. Carrefour en T :

(le GR nous quitte pour filer à gauche), monter toujours tout droit jusqu'à l'entrée de Lurs. Emprunter la ruelle des Roses-Trémières pour arriver à…

3h30 13,8 Lurs. Centre du vieux bourg (550 m).

9ème étape   ❚ **25,0 km**   ⌛ **7h00**

Lurs - Les Chabannes

00,0 Lurs. Du centre du vieux bourg (550 m), se diriger vers la promenade des Évêques. Dépasser la chapelle N.-D. de Vie, aller tout droit plein nord, puis virer à l'ouest vers une…

02,1 Bifurcation, carrefour de la Baume : s'engager plein nord (à droite) sur une piste forestière qui quitte le plateau de la Baume. À la bifurcation, descendre la piste à droite.

05,4 Pont romain de Ganagobie (390 m). Franchir l'ouvrage, puis emprunter la route montant vers le monastère Le GR coupe les virages en lacets par des sentiers (balisage).

1h50 07,4 Prieuré de Ganagobie. De la clairière, située à l'ouest, prendre vers le nord le sentier bordé à droite par un muret. À l'extrémité du plateau de Ganagobie, obliquer à droite pour descendre une piste (683 m).

09,4 Village de Ganagobie (mairie à droite). Couper la route, descendre en face (légèrement sur la gauche) un sentier ombragé par des pins.

10,5 On bute sur une petite route à descendre à droite. Au point bas, obliquer à gauche vers le lieu-dit de Pont Bernard. Franchir le pont-canal et longer le canal d'irrigation de Manosque. Virer à gauche pour traverser le canal, monter en face.

11,2 Carrefour de pistes : emprunter à droite le chemin filant horizontalement.

12,3 La Repentance (500 m) : tirer à droite pour descendre un sentier, couper une piste (habitation à droite). Dévaler en face un raidillon et franchir le gué du Beuvon. Poursuivre en face jusqu'à buter sur la piste Joseph-Milési, à utiliser à droite.

13,1 Laisser à gauche cimetière Saint-Roch, descendre le chemin du Ribas qui bute sur la D 4096, à emprunter à gauche vers Peyruis. Suivre la rue du Grand-Cabaret, puis à droite la rue Grande…

4h15 13,6 Peyruis, place des Platanes (397 m). Continuer par l'avenue du Portail et l'avenue de la Roche.
Poursuivre tout droit par une piste bitumée, puis gravillonnée qui, au final, bute sur la D 101, à monter à gauche jusqu'à la…

18,2 Chapelle Saint-Donat. Revenir sur ses pas en descendant la D 101 sur 700 m. Emprunter à gauche une petite route (balisée GR). Franchir un pont.

19,4 Bifurcation : s'engager à gauche sur le gros pavage de l'ancienne voie romaine.

21,6 Bifurcation : obliquer à droite toujours en suivant le tracé de la Via Domitia.

Lurs : théâtre romain

24,1 Juste avant le Jas des Bides : arrivée sur le goudron, aller tout droit jusqu'à…

7h00 **25,0** **Les Chabannes** (Châteauneuf-Val-Saint-Donat), carrefour central (560 m).

Les Chabannes - Sisteron

00,0 Les Chabannes (Châteauneuf-Val-Saint-Donat). Du carrefour central (560 m), prendre vers l'est.

01,7 Carrefour en T : monter à gauche à travers les ruines en laissant l'église à droite.

02,8 Village ruiné de Châteauneuf. Aller jusqu'à l'extrémité nord des ruines, puis obliquer à droite par un sentier.

03,8 Point haut : couper une piste, descendre tout droit. Franchir un premier ravin. Le parcours est sinueux, rester attentif aux marques sur les troncs ou aux cairns.

05,3 Attention ! Franchir un second ravin en tirant à gauche à sa sortie. Passer un gué, poursuivre en face un peu en aval. Le sentier balisé finit par buter sur une large piste, à emprunter à droite jusqu'au…

06,6 Ravin des Buis. Après son franchissement, continuer à travers la forêt domaniale du Prieuré. Passer une barrière en bois, descendre en tirant à gauche.

08,0 Aubignosc, place de la Fontaine. Partir en direction du cimetière, à contourner par la gauche. Descendre jusqu'à la D 503 que l'on coupe. Prendre en face la route d'Aubignosc. Après 750 m, virer à gauche, contourner un lotissement, monter à droite la montée des Oliviers, obliquer à gauche par la rue des Écoles.

2h25 09,6 Peipin, place de la Mairie (483 m). Sortir par la route des Granges, couper la D 951, monter le chemin de Valbelle. Fin du bitume après les dernières habitations des Granges, gravir la piste (le GR utilise des raccourcis pas toujours évidents).
À la première bifurcation : obliquer à droite. À la patte d'oie, monter en tirant à droite.

12,1 Carrefour de pistes : prendre la piste à gauche (Attention les marques GR ne sont pas très visibles). Monter à droite le sentier vers…

13,3 Le Pas de Peipin (1030 m). Poursuivre par un sentier au N.-O., puis O.-N.O. vers la…

4h00 14,5 Crête de Chapage (981 m.). Obliquer à droite pour la descente. Le balisage tortueux, mais bien indiqué aboutit …

17,1 Au niveau de la Loubière. Emprunter la petite route à droite. Franchir le pont du Bournias, puis s'engager en face sur un sentier filant sur le flanc ouest du Montgervis. Au final, le sentier débouche sur une piste à prendre à gauche, à 40 m de la…

19,6 Chapelle Saint-Domnin (540 m), à laisser à droite. Faire moins de 100 m sur la piste, puis virer à droite par un chemin agricole. Au bout du champ, s'engager à gauche sur le chemin de la Combe d'Arieu. Contourner par la droite le terrain de football, poursuivre par l'avenue Saint-Domnin.

20,8 Au giratoire : suivre l'avenue du Jabron, puis la rue Jean-Moulin. Descendre à droite une rampe, puis la montée des Oliviers. On aboutit à une allée arborée, à suivre à gauche. Descendre à droite une volée de marches, emprunter à gauche la rue des Arcades qui débouche sur…

6h00 22,2 Sisteron, place de la République (485 m).

Sisteron - Saint-Geniez

00,0 Sisteron. Place de la République (mairie et OT), en face de la cathédrale Notre-Dame (485 m). Suivre l'avenue Paul-Arène, la rue Droite et la rue de la Saunerie. Virer à gauche par le couvert Font-Chaude. Gagner le pont sur la Durance. Aller jusqu'au pied du Rocher de la Baume et tirer à gauche par une allée bordée par un grillage.

01,2 La Baume. Laisser à gauche l'ancien couvent Saint-Dominique. Fin du bitume, monter par le sentier balisé vers le col de Mézien (814 m).

03,7 On bute sur la D 3 (764 m), à monter à droite. Après 800 m, quitter la D 3 pour suivre la piste des Meuniers. Dépasser le hameau.

1h45 06,5 Virer à droite pour franchir le **pont sur le Jabron** (720 m). Sur l'autre rive, grimper un sentier qui coupe une piste une première fois.

08,0 Au niveau d'un réservoir, le sentier bute encore la piste que l'on suit à gauche vers la Colle.

09,3 Dépasser la ferme la Colle, poursuivre vers les Naux (1077 m) par un chemin de terre, puis à droite vers Sorine. La petite route est ensuite bitumée en direction de Saint-Geniez.

14,0 Carrefour : s'engager à gauche par le chemin balisé GR, puis obliquer plein nord jusqu'à…

4h20 15,0 Saint-Geniez, gîte d'étape (1080 m).

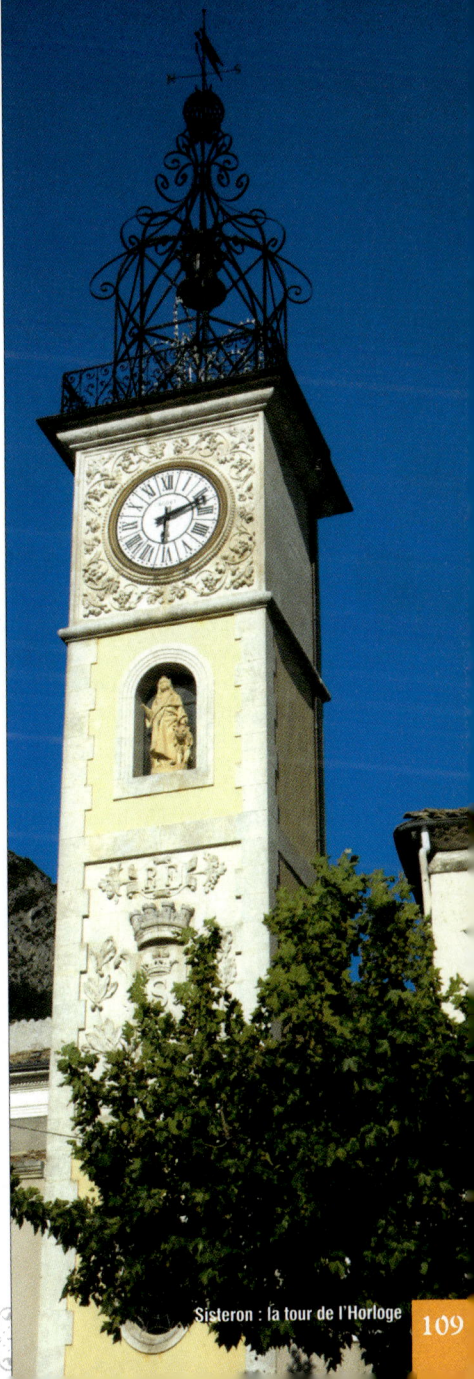

Sisteron : la tour de l'Horloge

Saint-Geniez – La Motte-du-Caire

00,0 Saint-Geniez. Mairie et gîte d'étape (1080 m). Monter en contournant l'église par la piste du Pas de l'Échelle. Continuer jusqu'au…

00,8 Col de Saint-Geniez. Descendre en face une piste plein nord (en laissant à gauche partir le GR 653D).

01,7 Laisser partir une piste sur la droite. Tirer à gauche vers la Pène et franchir une barrière. Laisser deux embranchements à gauche vers la Pène. Puis un embranchement à droite vers Terre Basse.

06,6 Arrivée sur le goudron. Continuer tout droit vers les Jaumes. Laisser le prieuré à droite.

08,5 Châteaufort. Le GR 653D nous arrive par la gauche. Descendre par la D 454 et franchir le pont sur la Sasse. Tirer à droite jusqu'au hameau de…

2h30 10,0 Nibles (602 m). Mairie et fontaine, église sur la droite. Virer à gauche vers la D 951, à suivre à gauche. On retrouve le GR. Après un virage à gauche, gravir à droite un sentier en lacets, bordé de ravines.

11,4 Bifurcation : poursuivre à droite par un chemin pierreux. On bute sur une petite route arrivant par la gauche, aller tout droit.

12,4 Carrefour : laisser à gauche la ferme Borelly, monter à droite un chemin pierreux en corniche. Passer un point haut,

laisser à gauche un embranchement. Après la traversée d'un vallon, tirer à droite en montant.

14,0 Franchir une barrière en bois de l'ONF. Monter tout droit. Beaux paysages depuis cette piste en balcon.

4h15 15,9 Passage de l'Homme Mort (env. 900 m). Quitter la piste, enjamber à gauche un muret. Descendre sous les pins (attention : le parcours est sinueux, des pistes partent dans tous les sens, rester vigilant avec les marques du GR). Dépasser la ferme la Bréjonnière à 100 m environ sur notre droite. Aller tout droit sur le sentier jusqu'à buter sur une…

17,1 Piste mal bitumée (819 m), à suivre à gauche. Dépasser la ferme Heyriès, puis la Bastide Roche. Tirer toujours à droite jusqu'à toucher une route, à utiliser à droite pendant 200 m.

18,8 Quitter la route pour s'engager à droite sur un sentier balisé. Au carrefour en T : descendre à gauche un sentier raide. Une piste arrive de la droite, aller tout droit pendant 100 m jusqu'à buter sur la D 104, à emprunter à droite. Au carrefour des Quatre-Chemins : virer à gauche par la D 951.

5h30 20,4 La Motte-du-Caire. Place du village, face à la Poste (709 m).

La Motte-du-Caire – Tallard

00,0 La Motte-du-Caire. Face à la Poste (709 m). Traverser le village vers le

nord et poursuivre par la D 951. Dépasser le Caire, puis le Faucon-du-Caire.

09,4 Soit 1000 m après le Faucon-du-Caire : quitter la D 951 et suivre à gauche un chemin empierré (balisage). Poursuivre par un sentier jusqu'au col du Buissonnet (1380 m). Continuer tout droit vers…

12,9 Clastre (une variante du GR nous vient par la gauche depuis le col de la Berche). Descendre tout droit par un sentier assez abrupt. Franchir un torrent. Arrivée sur une piste à utiliser à gauche. Au final, tirer à droite pour traverser…

14,1 Les Garcins. Continuer à droite par la route de Venterol. Le trafic est nul et la vue splendide sur la vallée de la Durance.

4h15 **15,8** **Tête de Boussac** (1150 m). Quitter la route pour descendre à gauche un chemin (balisage local) vers le N.-O. Après 700 m, carrefour au pied d'un poteau de ligne HT (998 m). Le GR 653D nous arrive par la droite de Venterol : continuer tout droit à travers la forêt domaniale de Tallard. Au carrefour en T : descendre à gauche un sentier caillouteux. Franchir un torrent à gué. Rester attentif au balisage GR.

19,1 On bute sur la D 46, à suivre à droite. Franchir le pont sur la Durance. Remonter jusqu'à la mairie de Tallard (à laisser à droite). Virer à gauche par la D 942 vers le sud…

5h30 **20,2** **Tallard,** place du Commandant-Dumont (602 m).

14ème étape   **24,6 km**   **6h40**

Tallard - Notre-Dame de Laus

00,0 **Tallard.** De la place du Commandant-Dumont (602 m), suivre à gauche la D 942. Monter à gauche le sentier balisé conduisant au lieudit la Tour. Poursuivre tout droit.

01,3 Faire quelques mètres sur le bitume, puis le quitter pour s'engager à gauche sur le sentier balisé. Descente dans un ravin.

03,6 Franchir la passerelle sur le torrent (env. 850 m), remonter à droite. À la bifurcation : virer tout à gauche poursuivre la montée.

04,5 Au point haut : tirer un peu droite, le chemin descend sous les pins, puis parmi les marnes vers le carrefour des Marinons. Aller tout droit sur une piste en mauvais état.

2h40 **06,1** Hameau des **Abadous.** Poursuivre sur le goudron jusqu'à Villar où l'on poursuit à droite par la D 45.

07,5 Carrefour de la Tour Ronde : le GR file à gauche, nous poursuivons encore sur la D 45.

08,7 On bute sur la D 900b, à suivre à gauche sur moins de 100 m, puis prendre à droite la route du Moulin du Pré ou D 244 (laisser à droite la station d'épuration).

10,3 Bifurcation (715 m) : remonter à droite la route de la Luye. Passer un giratoire (hypermarché).

13,0 Entrée de Gap. Bifurcation (au niveau de la chapelle Saint-Roch) : s'engager à droite dans l'avenue Jean-Jaurès. Au bout, tirer à gauche pour traverser le square Voltaire. Monter vers le palais de Justice, puis la cathédrale N-D et Saint-Arnoux. Par la rue de la Cathédrale, puis à gauche par la rue du Colonel-Roux, déboucher…

3h30 **13,6** **Gap, place Jean-Marcellin.** Monter la rue de France.

Le chemin parfois rude entre Gap et Tallard

Traverser la place Alsace-Lorraine et remonter le cours Ladoucette. Au carrefour du Grand Cèdre, descendre à droite le bd. Georges-Pompidou. Emprunter à gauche la rue de Saint-Mens en montée.

14,6 Fin du goudron. Grimper une piste vers les collines de Saint-Mens et l'…

4h10 16,2 Oratoire Saint-Jacques (monument édifié en 2000). Suivre le goudron, puis emprunter une piste à gauche. Après 600 m, retour sur le goudron.

17,2 Point haut, suivre le chemin de Curbanon. Au carrefour en patte d'oie (845 m), poursuivre en face par une petite route au S.-E., puis est. Bifurcation : prendre une piste à droite pendant 100 mètres. Monter à gauche un chemin gravillonné (panneau : Les balcons du Gapençais ; 871 m).

19,7 On bute sur la D 106, à utiliser à droite sur 50 m. La quitter à droite pour

suivre un petit raidillon bordé de murets. On débouche à nouveau sur la D 106, à prendre à gauche pour traverser Rambaud.

5h30 20,6 Rambaud. Sortie, au niveau du cimetière, tirer à droite par une piste herbeuse. On bute sur une route, à utiliser à gauche durant 500 m. Puis, quitter le goudron pour monter à droite vers la…

22,4 Chapelle de l'Hermitage (1097 m) à laisser à gauche pour grimper une piste vers un point haut où l'on oblique à gauche pour descendre.

23,1 Dépasser la statue de l'Ange. Poursuivre la descente sur sentier jusqu'au…

6h40 24,6 Sanctuaire N.-D. de Laus (env. 900 m).

15ème étape   29,3 km   8h00

N.-D. de Laus – Savines-le-Lac

00,0 Sanctuaire N.-D. de Laus (env. 900 m). Descendre la D 111 (trottoir) jusqu'à la chapelle du Précieux Sang. Un sentier démarre sur la droite et après 500 m de descente débouche sur la D 111, à suivre à gauche.

02,0 Au lieu-dit de l'Hôpital (juste avant de toucher la D 942), emprunter une piste à gauche en direction du N.-E. (bon balisage).

04,9 Les Jammes. Dépasser le hameau, puis tirer à droite par piste N.-E. jalonnée par des ravines grises.

05,8 On bute sur la D 942 que l'on traverse. En face, suivre une piste filant au S.-E. à travers champs. À la bifurcation :

virer à gauche. La piste est évidente, rectiligne (aller tout droit en ignorant une route à droite puis à gauche).

10,5 Arrivée sur le bitume. Au carrefour, monter à droite la D 93 en lacets (le GR coupe par des sentiers).

2h50 11,3 Montgardin. Laisser le village et l'église en contre-haut à droite. Tirer à gauche par la D 93 pendant 600 m. Bifurcation : poursuivre à gauche avec la C 23.

12,8 Tout près de la voie ferrée, virer à droite. Dépasser l'usine de l'eau de source des Écrins, puis la gare SNCF.

13,8 Bifurcation : franchir à gauche le tunnel sous la N 94. Emprunter à gauche la route du Fein, puis la rue des Écoles. Laisser à gauche la porte des Souchons (qui donne accès à la vieille ville et à l'église), obliquer à droite par la Grand'rue.

3h40 **14,5** **Chorges,** place de Lesdiguières (864 m). Poursuivre en face par l'avenue d'Embrun. Tirer à gauche pour longer le cimetière par un chemin.

15,5 Couper la D 9, poursuivre en face par une piste bitumée vers l'est. Après 1400 m, suivre à gauche un chemin vers le lieu-dit de Porte Notaire (et non pas Protonotaire comme indiqué sur la carte IGN). Dépasser le lieudit.

17,3 On bute sur la D9, à emprunter à droite vers l'est jusqu'à…

6h15 **22,8** **Saint-Apollinaire** (env. 1270 m). Laisser le village en contre-haut à droite. Descendre par la D 541, puis la D 41 (le balisage coupe au plus court les courbes et virages).

28,1 Entrée du pont sur le lac de Serre-Ponçon (suivre le trottoir de gauche). Traverser l'ouvrage, puis remonter la N 94.

8h00 **29,3 Savines-le-Lac,** centre-ville (786 m).

| 👫 **20,3 km** | ⧖ **5h30** | **16ème étape** |

Savines-le-Lac – Embrun

00,0 **Savines-le-Lac,** centre, OT (786 m). Remonter sur 400 m la N 94 vers l'est (dir. Embrun). Gravir à droite sur un sentier abrupt qui débouche sur une piste, à emprunter à gauche vers l'est, en balcon au-dessus du lac. Passer un premier vallon. Dépasser les ruines de Villard Robert.

03,4 Passer la combe de Ruine Noire (1030 m). Poursuivre plein nord, puis la piste vire au N.-E. et enfin au S.-E. vers le Bois.

05,9 Laisser à gauche la chapelle Saint-Benoît. Suivre au SE la piste forestière, laisser sur la gauche le pont du Marquisat. Poursuivre par le balisage GR ou par la D 568 jusqu'à l'…

2h30 **08,2** **Abbaye de Boscodon** (1150 m). Revenir sur ses pas jusqu'au pont du Marquisat. Emprunter à droite la piste forestière vers les Fourins, puis la route en descente jusqu'au hameau…

11,2 Beauvillard. Laisser à droite la chapelle du hameau. Prendre à gauche vers la croix oratoire de la Cagnolle (le GR

accomplit ce détour avant de descendre par des sentiers abrupts en recoupant la route).

On peut aussi descendre tout droit par la route bitumée. Lorsque le GR coupe la route pour la troisième fois, quitter également le bitume pour descendre à droite. Éviter les voies privées en suivant attentivement le balisage !

13,8 Juste avant de buter sur la N 94, virer à droite plein est par une sente parallèle à la nationale. On rejoint…

4h00 **14,6** **Crots** (789 m), église. Traverser le village vers l'est, puis monter à droite le chemin de Bellegrave. Bifurcation au niveau d'un canal d'irrigation : suivre à gauche la sente qui longe le canal. Après 700 m, virer à droite par le chemin de Crots (plein est), puis le chemin de Jouglare et de la Chènevière.

17,0 Baratier, place de la Mairie. Descendre à gauche la rue Guillaume-Apollinaire, poursuivre par une piste jusqu'à buter sur la D 240, à suivre à droite vers le Petit Liou. Passer le tunnel sous la rocade, puis entre deux parkings de supermarchés. Au giratoire, tirer à gauche vers un second rond-point où l'on prend à droite pour franchir le pont sur la Durance avec la N 94. Au niveau d'un abris bus, emprunter à droite une rue bordée d'habitations et d'un camping.

19,3 Embrun. Franchir un petit pont, sur la gauche grimper la rampe piétonne vers l'esplanade de la Résistance. Monter à droite les escaliers. Laisser l'hôpital à droite, suivre à gauche la rue Pierre-et-Marie-Curie, monter à droite la rue Émile-Guignes qui conduit à la cathédrale N.-D. d'Embrun. Poursuivre par la rue de l'Archevêché, à gauche par la rue du Sénateur, traverser la place Célestin-Roche, continuer par la rue Saint-Pierre, la place Barthelon, la rue Clovis-Hugues pour déboucher…

5h30 20,3 Embrun, place du Général-Dosse, OT (869 m).

17ème étape   **29,8 km**   **8h00**

Embrun - Mont-Dauphin

00,0 Embrun. De la place Général-Dosse (OT ; 869 m), emprunter la rue des Cordeliers, puis à gauche la rue des Fontaines. Couper le boulevard Pasteur. Franchir le pont au-dessus des voies ferrées, monter en zigzag en suivant le balisage du GR 653D jusqu'aux…

02,6 Premières maisons de Caléyère (à laisser sur la gauche). Prendre à droite la petite route vers…

04,3 Les Barthelons. Sortir par la D 446 que l'on quitte de suite pour suivre à gauche une piste au N.-O. puis N.-N.-O. Laisser tous les embranchements annexes. Franchir le gué sur le torrent Bramatan. Poursuivre par le sentier vers l'est, puis N.-E. Arrivée sur une piste (1252 m), à emprunter à droite vers les Gérards en laissant à droite l'embranchement vers la Reste.

2h00 07,2 Les Gérards : suivre le balisage jusqu'aux Rozans, puis au carrefour de la chapelle Saint-Roch, continuer tout droit à travers Châteauroux-les-Alpes. Descendre la D 443 jusqu'au…

10,5 Pont sur le Rabioux à franchir en utilisant la N 2094. Tirer à gauche à travers une casse. À l'extrémité, gravir une piste, puis un sentier rocailleux pour aboutir au village de Saint-Marcellin. Traverser le bourg, au niveau du cimetière, obliquer à droite vers…

3h10 11,9 Fontfourane (1033 m). Après la traversée du village, continuer par la route très calme vers Chamousses (le GR sort à gauche du bitume, puis le rejoint au niveau du carrefour de la Touisse). Suivre la route après les Chamousses sur 400 m.

13,7 Quitter la piste pour s'engager à droite sur un sentier qui franchit le ravin de l'Étroit. Poursuivre par le chemin du Facteur jusqu'au…

15,0 Hameau de Saint-Alban. Laisser le gîte d'étape à droite en passant sous une passerelle en bois, poursuivre tout droit, le sentier d'un muret s'enfonce N.-O. dans le ravin du Couleau.

18,4 Franchir la passerelle au-dessus du Couleau (1256 m). Continuer sur la rive nord au S.-E. sur un chemin empierré jusqu'à buter sur le goudron, à descendre à droite vers la tour Sarrazine.

5h50 21,6 Saint-Clément-sur-Durance. Laisser à droite l'église.

Poursuivre par la D 38 en dépassant Mensolles et la Gagière.

25,1 Quitter la D 38 pour descendre à droite un sentier en lacets qui aboutit à la…

25,5 Fontaine pétrifiante de Réotier. Suivre à gauche une allée jusqu'au camping la Fontaine. Emprunter à droite la D 37, franchir le pont métallique sur la Durance (trottoir à gauche).

27,0 Passage à niveau et carrefour : quitter la D 37, prendre à droite une piste au S.-E. Passer sous la N 94 et continuer par la digue le long du Guil. On débouche sur une route, à utiliser à gauche sur 300 m.

28,0 Saint-Guillaume (hameau). Au point bas, carrefour en T : monter à droite la rampe goudronnée D 137t qui mène à l'entrée de la citadelle de Mont-Dauphin. Laisser à droite la caserne Rochambeau. Remonter l'allée Massilon, puis obliquer à droite par la rue Catinat jusqu'à la porte et…

8h00 29,8 Mont-Dauphin.
Entrée nord de la citadelle.

Mont-Dauphin –
L'Argentière-la-Bessée

00,0 Mont-Dauphin. Sortir par l'entrée nord de la citadelle. Suivre la D 137, puis (calvaire ; 1028 m) par la D 37 jusqu'à…

01,1 Eygliers, carrefour de l'église. Prendre à gauche la D 237 jusqu'à la Frairie. Continuer et traverser le hameau des Esclayers. Poursuivre en légère descente.

03,1 Bifurcation : suivre à gauche la piste gravillonnée. À l'arrivée sur le goudron, le suivre à gauche vers la scierie des Hodouls. La dépasser.

03,7 Bifurcation (croix de bois) : prendre la piste à droite. Virer à droite. À 10 m traverser le lit d'un torrent, laisser un embranchement à droite. Descendre le chemin caillouteux jusqu'au…

04,3 Carrefour en T (948 m) : suivre à droite la piste empierrée, bordée de pylônes électriques.

16,5 Arrivée sur une petite route (au niveau d'une entreprise de camions), l'emprunter à droite sur 200 m vers le village de…

1h30 05,8 Saint-Crépin (entrée sud). Carrefour et calvaire, emprunter à gauche la route pour franchir le tunnel sous la N 94 et sous la voie ferrée. À la sortie, virer à droite le long des voies jusqu'au passage à niveau. Suivre à gauche la D 138 pour traverser le pont sur la Durance. Laisser à gauche un aérodrome de planeurs.

07,5 Carrefour en T : monter en face la D 38. Le GR coupe les détours du bitume en utilisant des sentiers pierreux et pentus (bien suivre les marques de balisage ; pistes peu marquées). Au final, on bute sur la D 38-1, à emprunter à droite sur 2 km vers…

3h00 11,8 Champcella, église à laisser à gauche. Poursuivre par la D 38a (le GR évite une courbe de la route), puis la D 38 jusqu'au Chambon (1153 m). Au-delà du village, continuer sur la D 38 (le balisage quitte de suite le bitume pour suivre à droite un chemin empierré et revenir sur la route un peu plus loin).

14,6 Pallon. Poursuivre par la D 38 vers Fressinnières (en laissant le GR filer à gauche de la route). Longue descente…

18,4 Carrefour : laisser à droite le pont sur la Durance, monter en face la D 138a jusqu'au Plan Léothaud. Poursuivre par une petite route calme vers le musée des Mines d'Argent (à laisser à gauche) et la chapelle Saint-Jean (à laisser à droite). Passer sous le pont de la voie ferrée, puis entrer dans l'Argentière-la-Bessée par l'avenue du Général-De-Gaulle.

5h45 **22,1** **L'Argentière-la-Bessée,** place centrale, OT (980 m).

L'Argentière-la-Bessée – Briançon

00,0 **L'Argentière-la-Bessée.** Du nord de la place centrale (980 m), emprunter à gauche la rue Glaizette, poursuivre par la rue de la République, puis monter à gauche la rue de Collets.

00,6 Bifurcation : suivre à droite le GR par le chemin des Girauds. Après 300 m, fin du goudron, continuer par un sentier en balcon, puis filant sous les conifères.

03,1 Laisser un pont en bois à droite sur la Gyronde, aller tout droit à travers le camping des Vaudois jusqu'à buter sur la D 4. Emprunter la route à droite pour franchir le pont sur la Gyronde, poursuivre à droite pour enjamber le pont sur le Rif Cros. Juste après, monter à gauche vers…

1h30 **05,3** **Les Vigneaux,** église paroissiale (1113 m). Poursuivre par la D 4 vers l'est. Après 900 m, quitter le goudron pour gravir à gauche un sentier en lacets.

07,6 Point haut (lignes électriques). Continuer N.-N.-E. jusqu'à buter sur une large piste empierrée (1316 m), à descendre à droite.

08,9 Arrivée sur la D 4, à suivre à gauche.

11,3 Quitter la D 4, emprunter à gauche un chemin limité à 2 t. jusqu'au village de…

3h40 **12,3** **Prelles,** église Saint-Jacques. Sortir du village par le chemin des Noyers (nord).

13,6 Au bout du chemin, obliquer à droite en laissant un supermarché à gauche. On bute sur la N 94 que l'on traverse prudemment, descendre en face, franchir la voie ferrée, puis le pont sur la Durance. Montée…

14,6 Quitter la route pour monter un sentier à gauche (en balcon). Après 650 m, couper une piste, aller en face jusqu'à buter sur…

15,7 La D 36 (1245 m), à emprunter à gauche. Traverser Villar-Saint-Pancrace par la rue des Espagnols, laisser l'église en contre-haut à droite. Poursuivre tout droit par la D 36 en dépassant plusieurs ronds-points.

5h30 **19,6 Briançon.** Gare SNCF (1210 m).

Briançon - Montgenèvre

00,0 **Briançon.** De la gare SNCF (1210 m), rejoindre à gauche le centre ville par l'avenue du Général-De-Gaulle.

00,6 Au rond-point : emprunter à droite l'avenue Maurice-Petsche. Passer un second giratoire : grimper tout droit l'avenue de la République (raide).

01,5 Au niveau du monument aux morts, obliquer à droite pour franchir les fortifica-tions, puis la porte d'Embrun. Traverser la place du Médecin-G.-Blanchard en laissant à gauche le vieux Briançon et l'hôtel de ville. Gravir tout droit la rue de l'Aspirant-Jan.

02,0 Laisser à gauche l'accès au château pour franchir une porte fortifiée, puis descendre la piste (balisage GR) jusqu'au…

02,3 Pont d'Asfeld. Le franchir et poursuivre par une piste qui grimpe à gauche.

Après 300 m, dans le virage, quitter la piste gravillonnée pour s'engager à gauche sur un chemin filant sous les sapins (balisage GR). Après 150 m, le chemin passe entre deux murets, puis descend parallèlement à une ligne électrique.

03,0 L'étroit sentier débouche sur une piste, à emprunter à gauche (balisage GR).

1h00 03,6 L'Envers du Fontenil (hameau). Carrefour : s'engager à droite dans la voie sans issue. Laisser descendre à gauche vers le gîte d'étape Le Petit Phoque. Après la dernière habitation, fin du goudron. Poursuivre tout droit en grimpant un chemin bordé de haies.

04,1 Carrefour de sentier : aller tout droit (balisage GR). Après 100 m, laisser un sentier partir à gauche. Monter à droite un chemin caillouteux.

04,7 Fin du sentier (1443 m). On débouche sur une piste forestière, à suivre à gauche.

05,1 Sortie de la forêt domaniale de Briançon. Aller tout droit (balisage GR).

06,2 Juste après un pont en bois, carrefour en T : grimper à droite (balisage GR).

À moins de 100 m, le chemin empierré bute sur une large piste forestière, à monter à droite.

07,0 Dans le coude d'un virage : quitter la large piste pour suivre un chemin à gauche (balisage GR).

08,2 Bifurcation : monter en face (balisage GR), laisser partir une piste à gauche. Après 200 m, carrefour de pistes : monter tout droit (balisage GR).

09,3 Bifurcation : laisser partir à droite une voie sans issue, continuer en face sur la piste empierrée (balisage GR). 100 m plus loin, poursuivre la montée par un étroit sentier, bordé à gauche par un ruisseau.

09,8 Le sentier débouche sur la N 94 (à quelques mètres du panneau d'entrée de Montgenèvre) à utiliser à droite (1781 m).

10,4 Quitter la N 94, pour monter à gauche la rue d'Italie. Après 400 m, au niveau du magasin Intersport, monter à gauche sur 10 m la rue des Montagnards, puis virer à droite pour suivre la rue de l'Église.

3h20 11,0 Montgenèvre. Église et fontaine, au centre du village.

Fontaine à Briançon